高等职业教育
改革创新教材

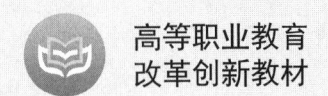

"十三五"江苏省高等学校
重点教材配套用书

财务报表分析
习题与项目实训

CAIWU BAOBIAO FENXI XITI YU XIANGMU SHIXUN

主　编　陆兴凤
副主编　赵　冉

新准则　新税率

新形态
教材

本书另配教学资源

高等教育出版社·北京

内容提要

本书是高等职业教育改革创新教材、"十三五"江苏省高等学校重点教材配套用书。

本书主要内容包括：财务报表分析认知、资产负债表分析、利润表分析、现金流量表分析、所有者权益变动表分析、单项财务能力分析、综合财务分析和财务分析报告撰写八个项目。编者精心编制了与各知识点相关的计算与分析，以及实务中上市公司报表处理和分析的案例，方便学习者提升对数字的敏感度与财务分析的专业度。本书另配有详细的参考答案。

本书既可作为高等职业教育财务会计类专业学生用书，也可作为投资者、企业管理者和其他社会学习者的参考用书。

图书在版编目(CIP)数据

财务报表分析习题与项目实训 / 陆兴凤主编. —北京：高等教育出版社，2021.9（2022.12重印）
ISBN 978-7-04-055797-8

Ⅰ. ①财… Ⅱ. ①陆… Ⅲ. ①会计报表—会计分析—高等职业教育—教学参考资料 Ⅳ. ①F231.5

中国版本图书馆CIP数据核字(2021)第154376号

| 策划编辑 | 钱力颖 | 责任编辑 | 钱力颖 | 封面设计 | 张文豪 | 责任印制 | 高忠富 |

出版发行	高等教育出版社	网　　址	http://www.hep.edu.cn
社　　址	北京市西城区德外大街4号		http://www.hep.com.cn
邮政编码	100120	网上订购	http://www.hepmall.com.cn
印　　刷	江苏德埔印务有限公司		http://www.hepmall.com
开　　本	787mm×1092mm　1/16		http://www.hepmall.cn
印　　张	16.75		
字　　数	414千字	版　　次	2021年9月第1版
购书热线	010-58581118	印　　次	2022年12月第2次印刷
咨询电话	400-810-0598	定　　价	35.00元

本书如有缺页、倒页、脱页等质量问题，请到所购图书销售部门联系调换
版权所有　侵权必究
物　料　号　55797-00

前　言

本书是"十三五"江苏省高等学校重点教材配套用书。

为适应财务报表分析课程改革，以及基于"线上线下混合教学"实践的需要，我们在总结多年教学经验的基础上，结合学生的学习特点编写了本书。

本书可与陆兴凤主编的"十三五"江苏省高等学校重点教材、中国大学MOOC教材《财务报表分析》(高等教育出版社，978-7-04-054356-8)配套使用，也可作为财务会计类专业学生相关课程训练用书。

本书的主要特点如下：

(1) 符合高等职业教育"实用够用、兼顾发展"的要求，理论上难度适中，实践重点突出。

(2) 在内容编排上，力求循序渐进、由浅入深，题型丰富，形式灵活多样，计算分析题、综合分析题和案例实战等内容有利于学生提升综合理解和运用财务分析的能力。

(3) 主要突出了实践训练，精心挑选了不同行业、不同特征的企业实例，便于进行"边讲边练、讲练结合"，有利于学生在实践中开阔视野与提升财务分析技巧。

由于编者水平有限，书中有不妥之处在所难免，敬请广大读者批评指正。

编　者

2021年7月

目 录

001	项目一	财务报表分析认知
004	项目二	资产负债表分析
075	项目三	利润表分析
109	项目四	现金流量表分析
168	项目五	所有者权益变动表分析
180	项目六	单项财务能力分析
248	项目七	综合财务分析
259	项目八	财务分析报告撰写

项目一 财务报表分析认知

一、简答题

1. 简述审计报告对财务报表分析的影响。

2. 简述财务报表分析的基本程序。

3. 简述财务报表分析的目的。

4. 简述财务报表分析的内容。

5. 简述因素分析法的步骤。

二、计算分析题

1. A 公司为国内上市公司，其 2019 年年末与 2020 年年末的部分资产负债表项目如表 1-1 所示。

表 1-1　A 公司资产负债表项目(部分)分析　　　　金额单位：万元

项　　目	2019 年年末	2020 年年末	增减变动绝对额	增减变动百分比	2020 年各项目占总资产的比率
货币资金	150	180			
应收账款	114	80			
长期股权投资	154 000	200 000			
固定资产合计	**2 900**	**2 600**			
资产合计	**150 000**	**330 000**			

要求：

(1) 以 2019 年年末数据作为分析基准，采用趋势分析法，对 2020 年年末数据进行绝对数比较和百分比变动比较，并填入表 1-1 中。

(2) 计算 2020 年度各项目占总资产的比率，并填入表 1-1 中。

2. B 上市公司的部分利润表项目如表 1-2 所示。

表 1-2　B 上市公司利润表项目(部分)分析　　　　金额单位：万元

项　　目	2019 年	2020 年	增减变动绝对额	增减变动百分比	2020 年各项目占营业收入百分比
营业收入	18 500	23 000			
营业成本	12 600	17 000			
营业利润	5 500	6 000			
所得税	90	120			
净利润	3 000	3 300			

要求：

(1) 以 2019 年度作为分析基准，采用比较分析法对 2020 年项目值进行绝对数比较和百分比变动比较，并填入表 1-2 中。

(2) 计算 2020 年度各项目占营业收入的比率，并填入表 1-2 中。

三、综合分析题

甲企业 2019 年年末和 2020 年年末部分资产负债表项目资料如表 1-3 所示。

表 1-3　甲企业资产负债表项目（部分）分析　　　金额单位：万元

项　　目	2019 年	2020 年	增减变动绝对额	增减变动百分比	2020 年各项目占总资产的比率
流动资产	1 100	1 200			
固定资产	1 210	1 250			
无形资产	55	50			
流动负债	670	620			
长期负债	715	550			
股东权益	980	1 280			

要求：

分别用绝对数比较分析法、百分比变动比较分析法进行分析，并将结果填入表 1-3 中（以 2019 年为分析基准）。

项目二　资产负债表分析

一、简答题

1. 简述分析企业的存货质量时应当注意的事项。

2. 简述存货可变现净值的确定方法。

3. 简述在进行固定资产质量分析时应当注意的问题。

4. 简述流动负债按照不同标准分类的内容。

二、计算分析题

1. 天虹公司的各项资料如表 2-1 所示。

表 2-1　天虹公司有关财务资料　　　　　　单位：元

项　　目	2015 年	2016 年	2017 年	2018 年	2019 年
销售收入	1 800 000	1 980 000	2 070 000	2 160 000	2 250 000
库存现金	50 000	65 000	48 000	40 000	30 000
应收账款	300 000	345 000	405 000	510 000	570 000
存货	600 000	660 000	690 000	720 000	750 000
流动资产	950 000	1 070 000	1 143 000	1 270 000	1 350 000
流动负债	400 000	440 000	520 000	580 000	640 000

要求：

（1）以 2015 年为基期，将销售收入、资产及负债的各项资料以趋势百分比表示，填制表 2-2（计算结果取整数）。

表 2-2　天虹公司以趋势配比表示的有关财务资料

项　　目	2015 年	2016 年	2017 年	2018 年	2019 年
销售收入					
库存现金					
应收账款					
存货					
流动资产					
流动负债					

（2）评析分析结果。

三、综合分析题

乙公司 2019 年和 2020 年资产负债表资料如表 2-3 所示。

表 2-3　乙公司资产负债表资料　　　　　单位：万元

项　　目	2019 年	2020 年
库存现金	549	628
应收账款	1 200	2 200
存货	2 082	2 652
流动资产合计	**3 831**	**5 480**
资产总计	**7 200**	**10 306**
应付账款	1 800	2 950
预收账款	301	516
短期借款	250	900
流动负债合计	**2 351**	**4 366**
长期负债	500	1 000
股东权益	4 349	4 940
负债和股东权益总计	**7 200**	**10 306**

要求：

编制该公司的 2019 年和 2020 年的共同比资产负债表，如表 2-4 所示。

表 2-4 乙公司共同比资产负债表

项　　目	2019 年	2020 年
库存现金		
应收账款		
存货		
流动资产合计		
资产总计		
应付账款		
预收账款		
短期借款		
流动负债合计		
长期负债		
股东权益		
负债和股东权益总计		

四、案例实战

（一）资产负债表质量分析

案例 1：

江苏阳光集团（以下简称"江苏阳光"）位于江苏省江阴市新桥镇阳光工业园，集团创建于 1986 年，在 1999 年于上海证券交易所正式上市交易（股票代码 600220）。江苏阳光集团拥有上万名员工。纺织服装、生物医药、房地产、热能电力、电子产业、阳光油气、新能源等产业，构成了该集团的多元化格局。

江苏阳光股份有限公司 2019 年资产负债表如表 2-5 所示。

表 2-5 江苏阳光资产负债表[①] 　　　　　　　单位：万元

项　　目	期末余额	期初余额
流动资产：		
货币资金	95 489	66 568
应收票据	7 092	12 134
应收账款	33 726	28 018
预付款项	316	3 963
其他应收款	42	2 015
存货	82 804	71 550

---

① 出于利教便学的目的，本书中的财务数据与真实数据并非完全相同，而是经过一定的调整，不影响学生对于财务报表的分析。

续表

项 目	期 末 余 额	期 初 余 额
其他流动资产	1 090	4 727
流动资产合计	**220 559**	**188 975**
非流动资产：		
债权投资	25 487	25 487
投资性房地产	6 947	7 432
固定资产	168 111	175 906
在建工程	15 425	14 567
公益性生物资产	2 213	2 213
无形资产	16 071	16 868
长期待摊费用	1 413	1 738
递延所得税资产	6 391	2 195
其他非流动资产	9 549	14 870
非流动资产合计	**251 607**	**261 276**
资产总计	**472 166**	**450 251**
流动负债：		
短期借款	123 767	119 100
应付账款	28 099	18 156
预收款项	4 549	1 855
应付职工薪酬	6 293	7 181
应交税费	1 699	1 408
其他应付款	6 019	5 443
一年内到期的非流动负债	70 000	7 097
流动负债合计	**240 426**	**160 240**
非流动负债：		
长期借款	0	70 000
递延收益	−799	−1 193
递延所得税负债	736	841
非流动负债合计	**−63**	**69 648**
负债合计	240 363	229 888
股东权益：		
股本	178 334	178 334
其他综合收益	−335	1

续表

项　目	期末余额	期初余额
盈余公积	15 269	15 269
未分配利润	13 880	1 781
归属于母公司所有者权益合计	**207 148**	**195 385**
少数股东权益	24 655	24 978
股东权益合计	**231 803**	**220 369**
负债和股东权益合计	**472 166**	**450 257**

江苏阳光资产负债表效率比例如表 2-6 所示。

表 2-6　江苏阳光资产负债表效率比例

项　目	期末比重	期初比重	项　目	期末比重	期初比重
活力资产	54.33%	47.79%	活力负债	39.58%	32.10%
潜力资产	45.66%	51.67%	动力负债	0.00%	16.37%
投资资产	1.04%	0.54%	动力权益	60.42%	51.53%

要求：

对江苏阳光进行资产质量分析及资产效率分析。

案例 2：

南京红宝丽股份有限公司（以下简称"红宝丽"）始建于 1987 年，是专业从事聚氨酯硬泡组合聚醚和异丙醇胺系列产品研究开发、生产与销售的国家重点高新技术企业。现为国内硬泡组合聚醚的主要生产商，公司目前位列世界化工企业 500 强、中国化工合成树脂行业 50 强和中国化工企业经济效益 500 强。

红宝丽 2019 年资产负债表如表 2-7 所示。

表 2-7　红宝丽资产负债表　　　　　　单位：万元

项　目	期末余额	期初余额
流动资产：		
货币资金	16 292	45 193
应收票据	35 002	18 616
应收账款	28 672	30 392

续表

项　　目	期　末　余　额	期　初　余　额
预付款项	8 486	8 597
其他应收款	778	220
存货	34 956	27 356
其他流动资产	9 009	3 034
流动资产合计	**133 195**	**133 408**
非流动资产：		
债权投资	8 724	8 024
固定资产	66 251	69 052
在建工程	68 442	19 504
无形资产	24 219	18 396
递延所得税资产	1 063	757
非流动资产合计	**168 699**	**115 733**
资产总计	**301 894**	**249 141**
流动负债：		
短期借款	40 365	31 000
应付票据	32 251	28 904
应付账款	29 196	18 366
预收款项	2 162	1 639
应付职工薪酬	2 435	2 544
应交税费	556	798
应付利息	142	37
其他应付款	3 307	4 748
一年内到期的非流动负债	1 930	
流动负债合计	**112 344**	**88 036**
非流动负债：		
长期借款	17 318	
递延收益	4 559	2 890
非流动负债合计	**21 877**	**2 890**
负债合计	**134 221**	**90 926**
所有者权益：		
股本	60 205	60 205

续表

项　目	期末余额	期初余额
资本公积	34 530	34 530
其他综合收益	−4	10
专项储备		
盈余公积	7 807	7 050
一般风险准备		
未分配利润	52 874	54 357
归属于母公司所有者权益合计	**155 412**	**156 152**
少数股东权益	12 261	2 063
所有者权益合计	167 673	158 215
负债和所有者权益总计	**301 894**	**249 141**

红宝丽资产负债表效率比例如表2-8所示。

表 2-8　红宝丽资产负债表效率比例

项　目	期末比重	期初比重	项　目	期末比重	期初比重
活力资产	42.09%	52.09%	活力负债	35.47%	31.98%
潜力资产	54.20%	42.81%	动力负债	0	0
投资资产	0.27%	0.09%	动力权益	54.22%	63.61%

要求：

对红宝丽进行资产质量分析及资产效率分析。

（二）资产负债表趋势分析

案例 1：

（1）江苏阳光比较资产负债表如表2-9所示。

表 2-9　江苏阳光比较资产负债表　　　　单位：万元

项　目	2015年	2016年	2017年	2018年	2019年
货币资金	26 335	38 805	27 202	66 568	95 489
应收票据	14 039	9 062	21 787	12 134	7 092
应收账款	16 298	25 402	27 643	28 018	33 726

续表

项　　目	2015 年	2016 年	2017 年	2018 年	2019 年
预付款项	14 332	18 158	1 701	3 963	316
应收利息	0	0	155	0	0
其他应收款	17 831	2 923	1 999	2 015	42
存货	40 505	54 035	51 124	71 550	82 804
其他流动资产	0	—	60 000	4 727	1 090
流动资产合计	**129 340**	**148 385**	**191 611**	**188 975**	**220 559**
债权投资	0	5 687	5 687	25 487	25 487
长期股权投资	5 687	—	—	—	—
投资性房地产	7 366	6 969	6 570	7 432	6 947
固定资产	213 001	197 248	191 826	175 906	168 111
在建工程	10 598	4 774	3 504	14 567	15 425
公益性生物资产	1 493	2 213	2 213	2 213	2 213
无形资产	14 120	19 489	18 228	16 868	16 071
长期待摊费用	0	—	2 062	1 738	1 413
递延所得税资产	3 227	2 961	2 570	2 195	6 391
其他非流动资产	0	—	—	14 870	9 549
非流动资产合计	**255 492**	**239 341**	**232 660**	**261 276**	**251 607**
资产总计	**384 832**	**387 726**	**424 271**	**450 251**	**472 166**
短期借款	147 500	140 200	106 200	119 100	123 767
应付票据	8 900	11 850	—	—	—
应付账款	13 438	11 967	15 558	18 156	28 099
预收账款	4 142	3 457	2 036	1 855	4 549
应付职工薪酬	5 774	5 932	6 908	781	6 293
应交税费	−2 843	−2 094	258	1 408	1 699
其他应付款	3 240	3 169	5 899	5 443	6 019
一年内到期的非流动负债	9 781	10 457	7 756	7 097	70 000
流动负债合计	**189 932**	**184 938**	**144 615**	**160 240**	**240 426**
长期借款	0	—	70 000	70 000	0
长期应付款	1 910	12 981	6 438	0	0
长期递延收益	—	−2 236	−1 496	−1 193	−799
递延所得税负债	0	—	0	841	736
其他非流动负债	803	—	0	0	0
非流动负债合计	**2 713**	**10 745**	**74 942**	**69 648**	**−63**
负债合计	**192 645**	**195 683**	**219 557**	**229 888**	**240 363**

续表

项　　目	2015 年	2016 年	2017 年	2018 年	2019 年
实收资本	178 334	178 334	178 334	178 334	178 334
其他综合收益				1	−335
盈余公积	17 008	15 269	15 269	15 269	15 269
未分配利润	−32 524	−24 632	−13 506	1 781	13 880
归属于母公司股东权益合计	**162 818**	**168 971**	**180 097**	**19 538**	**207 148**
少数股东权益	29 369	23 072	24 617	24 978	24 655
所有者权益合计	**192 187**	**192 043**	**204 714**	**220 363**	**231 803**
负债和所有者权益总计	**384 832**	**387 726**	**424 271**	**450 251**	**472 166**

要求：

对江苏阳光纺织公司进行资产负债表比较趋势分析。

(2) 江苏阳光资产负债表定比趋势分析表如表 2-10 所示。

表 2-10　江苏阳光资产负债表定比趋势分析表

项　　目	2015 年	2016 年	2017 年	2018 年	2019 年
货币资金	100.00%	147.35%	103.29%	252.77%	362.59%
应收票据	100.00%	64.55%	155.19%	86.43%	50.52%
应收账款	100.00%	155.86%	169.61%	171.91%	206.93%
预付款项	100.00%	126.70%	11.87%	27.65%	2.20%
其他应收款	100.00%	16.39%	11.21%	11.30%	0.24%
存货	100.00%	133.40%	126.22%	176.64%	204.43%
流动资产合计	**100.00%**	**114.72%**	**148.15%**	**146.11%**	**170.53%**
投资性房地产	100.00%	94.61%	89.19%	100.90%	94.31%
固定资产	100.00%	92.60%	90.06%	82.58%	78.92%
在建工程	100.00%	45.05%	33.06%	137.45%	145.55%
公益性生物资产	100.00%	148.23%	148.23%	148.23%	148.23%
无形资产	100.00%	138.02%	129.09%	119.46%	113.82%

续表

项　　目	2015年	2016年	2017年	2018年	2019年
递延所得税资产	100.00%	91.76%	79.64%	68.02%	198.05%
非流动资产合计	**100.00%**	**93.68%**	**91.06%**	**102.26%**	**98.48%**
资产总计	**100.00%**	**100.75%**	**110.25%**	**117.00%**	**122.69%**
短期借款	100.00%	95.05%	72.00%	80.75%	83.91%
应付票据	100.00%	133.15%	0.00%	0.00%	0.00%
应付账款	100.00%	89.05%	115.78%	135.11%	209.10%
预收账款	100.00%	83.46%	49.15%	44.79%	109.83%
应付职工薪酬	100.00%	102.74%	119.64%	13.53%	108.99%
应交税费	100.00%	73.65%	−9.07%	−49.53%	−59.76%
其他应付款	100.00%	97.81%	182.07%	167.99%	185.77%
一年内到期的非流动负债	100.00%	106.91%	79.30%	72.56%	715.67%
流动负债合计	**100.00%**	**97.37%**	**76.14%**	**84.37%**	**126.59%**
长期应付款	100.00%	679.63%	337.07%	0.00%	0.00%
非流动负债合计	**100.00%**	**396.06%**	**2 762.33%**	**2 567.19%**	**−2.32%**
负债合计	**100.00%**	**101.58%**	**113.97%**	**119.33%**	**124.77%**
实收资本	100.00%	100.00%	100.00%	100.00%	100.00%
盈余公积	100.00%	89.78%	89.78%	89.78%	89.78%
未分配利润	100.00%	75.73%	41.53%	−5.48%	−42.68%
归属于母公司股东权益合计	**100.00%**	**103.78%**	**110.61%**	**12.00%**	**127.23%**
少数股东权益	100.00%	78.56%	83.82%	85.05%	83.95%
所有者权益合计	**100.00%**	**99.93%**	**106.52%**	**114.66%**	**120.61%**
负债和所有者权益总计	**100.00%**	**100.75%**	**110.25%**	**117.00%**	**122.69%**

要求：

对江苏阳光进行资产负债表定比趋势分析。

(3) 江苏阳光资产负债表环比趋势分析表如表 2-11 所示。

表 2-11 江苏阳光资产负债表环比趋势分析表

项　　目	2016 年	2017 年	2018 年	2019 年	平均发展速度
货币资金	147.35%	70.10%	244.72%	143.45%	51.40%
应收票据	64.55%	240.42%	55.69%	58.45%	4.78%
应收账款	155.86%	108.82%	101.36%	120.37%	21.60%
预付款项	126.70%	9.37%	232.98%	7.97%	−5.75%
其他应收款	16.39%	68.39%	100.80%	2.08%	−53.08%
存货	133.40%	94.61%	139.95%	115.73%	20.92%
流动资产合计	**114.72%**	**129.13%**	**98.62%**	**116.71%**	**14.80%**
投资性房地产	94.61%	94.27%	113.12%	93.47%	−1.13%
固定资产	92.60%	97.25%	91.70%	95.57%	−5.72%
在建工程	45.05%	73.40%	415.72%	105.89%	60.01%
公益性生物资产	148.23%	100.00%	100.00%	100.00%	12.06%
无形资产	138.02%	93.53%	92.54%	95.28%	4.84%
递延所得税资产	91.76%	86.80%	85.41%	291.16%	38.78%
非流动资产合计	**93.68%**	**97.21%**	**112.30%**	**96.30%**	**−0.13%**
资产总计	**100.75%**	**109.43%**	**106.12%**	**104.87%**	**5.29%**
短期借款	95.05%	75.75%	112.15%	103.92%	−3.28%
应付票据	133.15%	0.00%	—	—	—
应付账款	89.05%	130.01%	116.70%	154.76%	22.63%
预收账款	83.46%	58.89%	91.11%	245.23%	19.67%
应付职工薪酬	102.74%	116.45%	11.31%	805.76%	159.06%
应交税费	73.65%	−12.32%	545.74%	120.67%	81.93%
其他应付款	97.81%	186.15%	92.27%	110.58%	21.70%
一年内到期的非流动负债	106.91%	74.17%	91.50%	986.33%	214.73%
流动负债合计	**97.37%**	**78.20%**	**110.80%**	**150.04%**	**9.10%**
长期应付款	679.42%	49.60%	0.00%	—	—
非流动负债合计	**396.06%**	**697.46%**	**92.94%**	**−0.09%**	**196.59%**
负债合计	**101.58%**	**112.20%**	**104.71%**	**104.56%**	**5.76%**
实收资本	100.00%	100.00%	100.00%	100.00%	0.00%
盈余公积	89.78%	100.00%	100.00%	100.00%	−2.56%

续表

项　　目	2016年	2017年	2018年	2019年	平均发展速度
未分配利润	75.73%	54.83%	−13.19%	779.34%	124.18%
归属于母公司股东权益合计	103.78%	106.58%	10.85%	1 060.23%	220.36%
少数股东权益	78.56%	106.70%	101.47%	98.71%	−3.64%
所有者权益合计	99.93%	106.60%	107.64%	105.19%	4.84%
负债和所有者权益总计	100.75%	109.43%	106.12%	104.87%	5.29%

要求：

对江苏阳光进行资产负债表环比趋势分析。

案例2：

(1) 红宝丽资产负债表比较趋势分析表如表2-12所示。

表2-12　红宝丽资产负债表比较趋势分析表　　　　　　　　单位：万元

项　　目	2015年	2016年	2017年	2018年	2019年
货币资金	17 357	14 033	13 086	45 193	16 292
应收票据	25 859	21 551	22 148	18 616	35 002
应收账款	30 297	31 134	26 433	30 392	28 672
预付款项	1 127	1 234	2 049	8 597	8 486
其他应收款	530	212	279	220	778
存货	23 086	24 473	18 703	27 356	34 956
其他流动资产	1 615	2 595	2 193	3 034	9 009
流动资产合计	99 871	95 232	84 891	133 408	133 195
债权投资	—	—	—	8 024	8 724
长期股权投资	—	904	726	—	—
固定资产	70 650	70 584	65 432	69 052	66 251
在建工程	2 695	2 025	8 158	19 504	68 442

续表

项 目	2015年	2016年	2017年	2018年	2019年
无形资产	8 633	8 440	19 184	18 396	24 219
递延所得税资产	1 554	1 330	857	757	1 063
其他非流动资产	—	—	—	—	—
非流动资产合计	**83 532**	**83 283**	**94 357**	**115 733**	**168 699**
资产总计	**183 403**	**178 515**	**179 248**	**249 141**	**301 894**
短期借款	35 013	25 274	31 000	31 000	40 365
应付票据	19 722	18 850	15 193	28 904	32 251
应付账款	16 129	18 572	12 828	18 366	29 196
预收账款	2 807	915	731	1 639	2 162
应付职工薪酬	1 599	2 012	2 157	2 544	2 435
应交税费	959	1 389	1 042	798	556
应付利息	142	105	47	37	142
其他应付款	560	660	2 267	4 748	3 307
一年内到期的非流动负债	400	1 616	2 000	—	1 930
其他流动负债	—	—	—	—	—
流动负债合计	**77 331**	**69 393**	**67 265**	**88 036**	**112 348**
长期借款	4 000	2 000	—	—	17 318
长期递延收益	—	2 716	2 648	2 890	4 559
其他非流动负债	2 688	810	—	—	—
非流动负债合计	**6 688**	**5 526**	**2 648**	**2 890**	**21 877**
负债合计	**84 019**	**74 919**	**69 913**	**90 929**	**134 221**
实收资本(或股本)	54 383	54 141	53 927	60 205	60 205
资本公积	6 191	5 680	4 928	34 530	34 530
其他综合收益	—	—	—	10	—4
减：库存股	—	1 426	810	—	—
盈余公积	4 999	5 771	6 506	7 050	7 807
未分配利润	31 597	36 917	42 162	54 357	52 874
外币报表折算差额	12	—	—	—	—
归属于母公司股东权益合计	**97 182**	**101 083**	**106 713**	**156 152**	**155 412**
少数股东权益	2 202	2 513	2 622	2 063	12 261
所有者权益合计	**99 384**	**103 596**	**109 335**	**158 215**	**167 673**
负债和所有者权益总计	**183 403**	**178 515**	**179 248**	**249 141**	**301 894**

要求：
对红宝丽进行资产负债表比较趋势分析。

（2）红宝丽资产负债表定比趋势分析表如表 2-13 所示。

表 2-13　红宝丽资产负债表定比趋势分析表

项　　目	2015 年	2016 年	2017 年	2018 年	2019 年
货币资金	100%	80.85%	75.39%	260.37%	93.86%
应收票据	100%	83.34%	85.65%	71.99%	135.36%
应收账款	100%	102.76%	87.25%	100.31%	94.64%
预付款项	100%	109.49%	181.81%	762.82%	752.97%
其他应收款	100%	40.00%	52.64%	41.51%	146.79%
存货	100%	106.01%	81.01%	118.50%	151.42%
其他流动资产	100%	160.68%	135.79%	187.86%	557.83%
流动资产合计	**100%**	**95.36%**	**85.00%**	**133.58%**	**133.37%**
固定资产	100%	99.91%	92.61%	97.74%	93.77%
在建工程	100%	75.14%	302.71%	723.71%	2 539.59%
无形资产	100%	97.76%	222.22%	213.09%	280.54%
递延所得税资产	100%	85.59%	55.15%	48.71%	68.40%
非流动资产合计	**100%**	**99.70%**	**112.96%**	**138.55%**	**201.96%**
资产总计	**100%**	**97.33%**	**97.73%**	**135.84%**	**164.61%**
短期借款	100%	72.18%	88.54%	88.54%	115.29%
应付票据	100%	95.58%	77.04%	146.56%	163.53%
应付账款	100%	115.15%	79.53%	113.87%	181.02%
预收账款	100%	32.60%	26.04%	58.39%	77.02%
应付职工薪酬	100%	125.83%	134.90%	159.10%	152.28%
应交税费	100%	144.84%	108.65%	83.21%	57.98%
应付利息	100%	73.94%	33.10%	26.06%	100.00%
其他应付款	100%	117.86%	404.82%	847.86%	590.54%

续表

项　　目	2015年	2016年	2017年	2018年	2019年
一年内到期的非流动负债	100%	404.00%	500.00%	0.00%	482.50%
流动负债合计	**100%**	**89.74%**	**86.98%**	**113.84%**	**145.28%**
长期借款	100%	50.00%	0.00%	0.00%	432.98%
其他非流动负债	100%	30.13%	0.00%	0.00%	0.00%
非流动负债合计	**100%**	**82.63%**	**39.59%**	**43.21%**	**327.11%**
负债合计	**100%**	**89.17%**	**83.21%**	**108.22%**	**159.75%**
实收资本(或股本)	100%	99.56%	99.16%	110.71%	110.71%
资本公积	100%	91.75%	79.60%	557.75%	557.75%
盈余公积	100%	115.44%	130.15%	141.03%	156.17%
未分配利润	100%	116.84%	133.44%	172.03%	167.34%
归属于母公司股东权益合计	**100%**	**104.01%**	**109.81%**	**160.68%**	**159.92%**
少数股东权益	100%	114.12%	119.07%	93.69%	556.81%
所有者权益合计	**100%**	**104.24%**	**110.01%**	**159.20%**	**168.71%**
负债和所有者权益总计	**100%**	**97.33%**	**97.73%**	**135.84%**	**164.61%**

要求：
对红宝丽进行资产负债表定比趋势分析。

(3) 红宝丽环比趋势分析表如表 2-14 所示。

表 2-14　红宝丽环比趋势分析表

项　　目	2016年	2017年	2018年	2019年	平均发展速度
货币资金	80.85%	93.25%	345.35%	36.05%	38.88%
应收票据	83.34%	102.77%	84.05%	188.02%	14.55%
应收账款	102.76%	84.90%	114.98%	94.34%	−0.75%
预付款项	109.49%	166.05%	419.57%	98.71%	98.45%
其他应收款	40.00%	131.60%	78.85%	353.64%	51.02%
存货	106.01%	76.42%	146.27%	127.78%	14.12%

续表

项　目	2016 年	2017 年	2018 年	2019 年	平均发展速度
其他流动资产	160.68%	84.51%	138.35%	296.93%	70.12%
流动资产合计	**95.36%**	**89.14%**	**157.15%**	**99.84%**	**10.37%**
固定资产	99.91%	92.70%	105.53%	95.94%	−1.48%
在建工程	75.14%	402.86%	239.08%	350.91%	167.00%
无形资产	97.76%	227.30%	95.89%	131.65%	38.15%
递延所得税资产	85.59%	64.44%	88.33%	140.42%	−5.31%
非流动资产合计	**99.70%**	**113.30%**	**122.65%**	**145.77%**	**20.35%**
资产总计	**97.33%**	**100.41%**	**138.99%**	**121.17%**	**14.48%**
短期借款	72.18%	122.66%	100.00%	130.21%	6.26%
应付票据	95.58%	80.60%	190.25%	111.58%	19.50%
应付账款	115.15%	69.07%	143.17%	158.97%	21.59%
预收账款	32.60%	79.89%	224.21%	131.91%	17.15%
应付职工薪酬	125.83%	107.21%	117.94%	95.72%	11.67%
应交税费	144.84%	75.02%	76.58%	69.67%	−8.47%
应付利息	73.94%	44.76%	78.72%	383.78%	45.30%
其他应付款	117.86%	343.48%	209.44%	69.65%	85.11%
一年内到期的非流动负债	404.00%	123.76%	0.00%	—	—
流动负债合计	**89.74%**	**96.93%**	**130.88%**	**127.62%**	**11.29%**
长期借款	50.00%	0.00%	—	—	—
长期递延收益	—	97.50%	109.14%	157.75%	—
其他非流动负债	30.13%	0.00%	—	—	—
非流动负债合计	**82.63%**	**47.92%**	**109.14%**	**756.99%**	**149.17%**
负债合计	**89.17%**	**93.32%**	**130.06%**	**147.62%**	**15.04%**
实收资本(或股本)	99.56%	99.60%	111.64%	100.00%	2.70%
资本公积	91.75%	86.76%	700.69%	100.00%	144.80%
减：库存股	—	56.80%	0.00%	—	—
盈余公积	115.44%	112.74%	108.36%	110.74%	11.82%
未分配利润	116.84%	114.21%	128.92%	97.27%	14.31%
归属于母公司股东权益合计	**104.01%**	**105.57%**	**146.33%**	**99.53%**	**13.86%**
少数股东权益	114.12%	104.34%	78.68%	594.33%	122.87%
所有者权益合计	**104.24%**	**105.54%**	**144.71%**	**105.98%**	**15.12%**
负债和所有者权益总计	**97.33%**	**100.41%**	**138.99%**	**121.17%**	**14.48%**

要求：

对红宝丽进行资产负债表环比趋势分析。

案例3：

苏州金螳螂建筑装饰股份有限公司（以下简称"金螳螂"）是一家以室内装饰为主体，融幕墙、家具、景观、艺术品、机电设备安装等为一体的专业化装饰企业。

（1）金螳螂的比较资产负债表如表2-15所示。

表2-15　金螳螂比较资产负债表　　　　　　　单位：万元

项　　目	2015年	2016年	2017年	2018年	2019年
货币资金	359 789	198 324	122 285	187 309	267 746
应收票据	34 282	79 313	119 018	99 837	110 387
应收账款	1 107 381	1 484 252	1 664 210	1 784 914	1 802 448
预付款项	14 926	12 754	9 523	17 533	23 913
应收利息	1 142	2 799	1 514	1 065	991
其他应收款	27 273	35 637	29 728	30 685	28 141
存货	8 386	10 651	15 487	19 477	19 462
其他流动资产	72 500	134 400	111 590	66 127	165 261
流动资产合计	**1 625 679**	**1 958 130**	**2 073 355**	**2 206 947**	**2 418 349**
债权投资	—	31 262	211 862	270 662	161 062
长期应收款	—	—	—	—	24 695
长期股权投资	6 287	23	—	72	1 210
投资性房地产	658	232	216	192	181
固定资产	56 721	97 532	110 796	100 417	96 727
在建工程	30 862	6 557	1 320	1 447	2 200
无形资产	9 286	9 093	8 978	9 102	12 175
商誉	35 838	40 702	38 170	40 776	38 408
长期待摊费用	1 315	3 317	3 324	12 699	18 560
递延所得税资产	18 114	23 407	29 522	36 916	37 393

续表

项　　目	2015年	2016年	2017年	2018年	2019年
其他非流动资产	502	525	2 945	3 020	7 476
非流动资产合计	**159 583**	**212 650**	**407 133**	**475 303**	**400 087**
资产总计	**1 785 262**	**2 170 780**	**2 480 488**	**2 682 250**	**2 818 436**
短期借款	1 524	2 000	107 749	116 009	118 177
应付票据	17 470	33 748	73 907	63 015	60 893
应付账款	886 565	1 073 787	1 113 359	1 169 807	1 167 589
预收账款	46 503	27 376	23 065	38 940	55 506
卖出回购金融资产款	—	—	57 705	50 000	—
应付职工薪酬	90 845	105 710	98 291	95 150	103 408
应交税费	58 779	70 875	64 635	20 340	20 712
应付利息	694	670	739	712	607
应付股利	420	420	4 654		
其他应付款	2 216	3 469	5 904	8 182	8 697
一年内到期的非流动负债	1 508	44 347	—	53 468	
其他流动负债	2 374	2 323	1 200	51 020	66 701
流动负债合计	**1 108 898**	**1 364 725**	**1 551 208**	**1 666 643**	**1 602 290**
长期借款	42 678	3 060	4 221	1 041	40 909
应付债券	70 000	70 000	50 000		
长期应付款	1 508	—	—		
长期递延收益	—	12	48	36	24
递延所得税负债	279	385	379	348	199
其他非流动负债	40	—			
非流动负债合计	**114 505**	**73 457**	**54 648**	**1 425**	**41 132**
负债合计	**1 223 403**	**1 438 182**	**1 605 856**	**1 668 068**	**1 643 422**
实收资本(或股本)	117 480	176 221	176 221	264 331	264 331
资本公积	74 623	15 883	15 883	15 883	15 958
盈余公积	39 062	55 129	68 128	82 816	99 054
未分配利润	324 016	472 179	601 792	632 531	768 051
归属于母公司股东权益合计	**555 181**	**719 412**	**862 024**	**995 561**	**1 147 394**
少数股东权益	6 678	13 186	12 608	18 621	27 620
所有者权益合计	**561 859**	**732 598**	**874 632**	**1 014 182**	**1 175 014**
负债和所有者权益总计	**1 785 262**	**2 170 780**	**2 480 488**	**2 682 250**	**2 818 436**

要求:

对金螳螂进行资产负债表比较趋势分析。

(2) 金螳螂资产负债表定比趋势分析表如表 2-16 所示。

表 2-16 金螳螂资产负债表定比趋势分析表

项 目	2015 年	2016 年	2017 年	2018 年	2019 年
货币资金	100%	55.12%	33.99%	52.06%	74.42%
应收票据	100%	231.35%	347.17%	291.22%	322.00%
应收账款	100%	134.03%	150.28%	161.18%	162.77%
预付款项	100%	85.45%	63.80%	117.47%	160.21%
应收利息	100%	245.10%	132.57%	93.26%	86.78%
其他应收款	100%	130.67%	109.00%	112.51%	103.18%
存货	100%	127.01%	184.68%	232.26%	232.08%
其他流动资产	100%	185.38%	153.92%	91.21%	227.95%
流动资产合计	**100%**	**120.45%**	**127.54%**	**135.76%**	**148.76%**
长期股权投资	100%	0.37%	0.00%	1.15%	19.25%
投资性房地产	100%	35.26%	32.83%	29.18%	27.51%
固定资产	100%	171.95%	195.34%	177.04%	170.53%
在建工程	100%	21.25%	4.28%	4.69%	7.13%
无形资产	100%	97.92%	96.68%	98.02%	131.11%
商誉	100%	113.57%	106.51%	113.78%	107.17%
长期待摊费用	100%	252.24%	252.78%	965.70%	1 411.41%
递延所得税资产	100%	129.22%	162.98%	203.80%	206.43%
其他非流动资产	100%	104.58%	586.65%	601.59%	1489.24%
非流动资产合计	**100%**	**133.25%**	**255.12%**	**297.84%**	**250.71%**
资产总计	**100%**	**121.59%**	**138.94%**	**150.24%**	**157.87%**
短期借款	100%	131.23%	7 070.14%	7 612.14%	7 754.40%
应付票据	100%	193.18%	423.05%	360.70%	348.56%

续表

项　目	2015年	2016年	2017年	2018年	2019年
应付账款	100%	121.12%	125.58%	131.95%	131.70%
预收账款	100%	58.87%	49.60%	83.74%	119.36%
应付职工薪酬	100%	116.36%	108.20%	104.74%	113.83%
应交税费	100%	120.58%	109.96%	34.60%	35.24%
应付利息	100%	96.54%	106.48%	102.59%	87.46%
应付股利	100%	100.00%	1 108.10%	0.00%	0.00%
其他应付款	100%	156.54%	266.43%	369.22%	392.46%
一年内到期的非流动负债	100%	2 940.78%	0.00%	3 545.62%	0.00%
其他流动负债	100%	97.85%	50.55%	2 149.12%	2 809.65%
流动负债合计	**100%**	**123.07%**	**139.89%**	**150.30%**	**144.49%**
长期借款	100%	7.17%	9.89%	2.44%	95.86%
应付债券	100%	100.00%	71.43%	0.00%	0.00%
递延所得税负债	100%	137.99%	135.84%	124.73%	71.33%
非流动负债合计	**100%**	**64.15%**	**47.73%**	**1.24%**	**35.92%**
负债合计	**100%**	**117.56%**	**131.26%**	**136.35%**	**134.33%**
实收资本(或股本)	100%	150.00%	150.00%	225.00%	225.00%
资本公积	100%	21.28%	21.28%	21.28%	21.38%
盈余公积	100%	141.13%	174.41%	212.01%	253.58%
未分配利润	100%	145.73%	185.73%	195.22%	237.04%
归属于母公司股东权益合计	100%	129.58%	155.27%	179.32%	206.67%
少数股东权益	100%	197.45%	188.80%	278.84%	413.60%
所有者权益合计	**100%**	**130.39%**	**155.67%**	**180.50%**	**209.13%**
负债和所有者权益总计	**100%**	**121.59%**	**138.94%**	**150.24%**	**157.87%**

要求：

对金螳螂进行资产负债表定比趋势分析。

(3) 金螳螂资产负债表环比分析如表 2-17 所示。

表 2-17 金螳螂资产负债表环比分析

项 目	2016 年	2017 年	2018 年	2019 年	平均发展速度
货币资金	55.12%	61.66%	153.17%	142.94%	3.22%
应收票据	231.35%	150.06%	83.88%	110.57%	43.97%
应收账款	134.03%	112.12%	107.25%	100.98%	13.60%
预付款项	85.45%	74.67%	184.11%	136.39%	20.15%
应收利息	245.10%	54.09%	70.34%	93.05%	15.65%
其他应收款	130.67%	83.42%	103.22%	91.71%	2.25%
存货	127.01%	145.40%	125.76%	99.92%	24.53%
其他流动资产	185.38%	83.03%	59.26%	249.91%	44.40%
流动资产合计	**120.45%**	**105.88%**	**106.44%**	**109.58%**	**10.59%**
债权投资	0.00%	677.70%	127.75%	59.51%	116.24%
长期应收款	0.00%	0.00%	0.00%	0.00%	−100.00%
长期股权投资	0.37%	0.00%	0.00%	1 680.56%	320.23%
投资性房地产	35.26%	93.10%	88.89%	94.27%	−22.12%
固定资产	171.95%	113.60%	90.63%	96.33%	18.13%
在建工程	21.25%	20.13%	109.62%	152.04%	−24.24%
无形资产	97.92%	98.74%	101.38%	133.76%	7.95%
商誉	113.57%	93.78%	106.83%	94.19%	2.09%
长期待摊费用	252.24%	100.21%	382.04%	146.15%	120.16%
递延所得税资产	129.22%	126.12%	125.05%	101.29%	20.42%
其他非流动资产	104.58%	560.95%	102.55%	247.55%	153.91%
非流动资产合计	**133.25%**	**191.46%**	**116.74%**	**84.18%**	**31.41%**
资产总计	**121.59%**	**114.27%**	**108.13%**	**105.08%**	**12.27%**
短期借款	131.23%	5 387.45%	107.67%	101.87%	1 332.05%
应付票据	193.18%	219.00%	85.26%	96.63%	48.52%
应付账款	121.12%	103.69%	105.07%	99.81%	7.42%
预收账款	58.87%	84.25%	168.83%	142.54%	13.62%
应付职工薪酬	116.36%	92.98%	96.80%	108.68%	3.71%
应交税费	120.58%	91.20%	31.47%	101.83%	−13.73%

续表

项　目	2016 年	2017 年	2018 年	2019 年	平均发展速度
应付利息	96.54%	110.30%	96.35%	85.25%	−2.89%
应付股利	100.00%	1 108.10%	0.00%	—	—
其他应付款	156.54%	170.19%	138.58%	106.29%	42.90%
一年内到期的非流动负债	2 940.78%	0.00%	—	0.00%	—
其他流动负债	97.85%	51.66%	4 251.67%	130.74%	1 032.98%
流动负债合计	**123.07%**	**113.66%**	**107.44%**	**96.14%**	**10.08%**
长期借款	7.17%	137.94%	24.66%	3 929.78%	924.89%
应付债券	100.00%	71.43%	0.00%	—	—
长期应付款	0.00%	—	—	—	—
长期递延收益	—	400.00%	75.00%	66.67%	—
递延所得税负债	137.99%	98.44%	91.82%	57.18%	−3.64%
其他非流动负债	0.00%	—	—	—	—
非流动负债合计	**64.15%**	**74.39%**	**2.61%**	**2 888.46%**	**656.90%**
负债合计	**117.56%**	**111.66%**	**103.87%**	**98.52%**	**7.90%**
实收资本(或股本)	150.00%	100.00%	150.00%	100.00%	25.00%
资本公积	21.28%	100.00%	100.00%	100.47%	−19.56%
盈余公积	141.13%	123.58%	121.56%	119.61%	26.47%
未分配利润	145.73%	127.45%	105.11%	121.43%	24.93%
归属于母公司股东权益合计	**129.58%**	**119.82%**	**115.49%**	**115.25%**	**20.04%**
少数股东权益	197.45%	95.62%	147.69%	148.33%	42.27%
所有者权益合计	**130.39%**	**119.39%**	**115.96%**	**115.86%**	**20.40%**
负债和所有者权益总计	**121.59%**	**114.27%**	**108.13%**	**105.08%**	**12.27%**

要求：

对金螳螂进行资产负债表环比趋势分析。

案例 4：

内蒙古伊利实业股份有限公司（以下简称"伊利股份"），属于乳制品制造行业，主要业务涉及乳制品的加工、制造与销售，旗下拥有液体乳、乳饮料、奶粉、冷冻饮品、酸奶等几大产品系列，另外还涉及农畜产品、日用产品、机器设备和玩具。

（1）伊利股份的比较资产负债表如表 2-18 所示。

表 2-18　伊利股份比较资产负债表　　　　　　　　　　单位：万元

项　　目	2015 年	2016 年	2017 年	2018 年	2019 年
货币资金	817 335	1 427 262	1 308 367	1 382 365	2 182 307
应收票据	18 194	13 940	14 717	11 436	16 360
应收账款	34 009	51 302	57 218	57 214	78 614
预付款项	32 962	38 996	61 452	55 839	119 243
应收利息	42	6 927	7 119	3 514	18 845
其他应收款	12 373	6 623	4 987	3 893	4 466
存货	368 290	500 825	466 313	432 578	463 999
一年内到期的非流动资产	—	—	—	3 381	—
其他流动资产	363 514	54 232	58 442	69 050	100 739
流动资产合计	**1 646 719**	**2 100 107**	**1 978 615**	**2 019 270**	**2 984 573**
债权投资	34 786	82 202	98 542	61 236	65 182
长期应收款	—	—	264	—	—
长期股权投资	55 841	2 573	12 188	163 110	176 519
固定资产	1 040 399	1 312 134	1 455 860	1 313 746	1 325 639
在建工程	148 394	93 936	77 627	134 360	188 786
工程物资	925	1 883	669	5 190	1 421
无形资产	91 265	93 040	95 643	99 088	51 436
商誉	1 068	1 068	1 068	1 068	1 068
长期待摊费用	8 858	18 563	21 638	10 984	6 920
递延所得税资产	82 548	68 618	41 167	51 858	55 995
其他非流动资产	49 168	46 041	49 963	66 317	72 498
非流动资产合计	**1 513 252**	**1 720 058**	**1 854 629**	**1 906 957**	**1 945 464**
资产总计	**3 159 971**	**3 820 165**	**3 833 244**	**3 926 227**	**4 930 037**
短期借款	408 600	807 198	619 000	15 000	786 000
应付票据	16 475	26 608	56 311	33 762	21 528

续表

项　目	2015年	2016年	2017年	2018年	2019年
应付账款	519 201	528 071	607 885	675 291	725 388
预收账款	334 715	216 304	203 553	359 167	412 557
应付职工薪酬	132 047	148 754	169 201	231 517	260 362
应交税费	38 120	35 166	36 802	49 023	40 409
应付利息	303	1 141	293	7	933
应付股利	1 528	3 957	3 965	4 993	7 313
其他应付款	94 695	101 447	114 776	115 515	126 901
一年内到期的非流动负债	—	—	—	—	2 419
其他流动负债	6 015	7 010	8 416	6 470	1 193
流动负债合计	**1 551 699**	**1 875 656**	**1 820 202**	**1 490 745**	**2 385 003**
长期借款	29	70 397	29	29	29
长期应付款	—	—	—	—	6 404
专项应付款	10 172	17 660	14 330	—	—
长期递延收益	—	102 884	113 944	111 864	14 619
递延所得税负债	409	678	—	—	—
其他非流动负债	94 151	—	—	—	—
非流动负债合计	**104 761**	**191 619**	**128 303**	**111 893**	**21 052**
负债合计	**1 656 461**	**2 067 274**	**1 948 505**	**1 602 639**	**2 406 054**
实收资本（或股本）	204 291	306 437	606 480	606 480	607 849
资本公积	753 869	648 124	247 671	247 636	276 553
减：库存股	—	—	—	—	20 169
其他综合收益	—	2 260	19 688	36 195	7 139
盈余公积	91 448	114 331	145 490	188 590	242 265
未分配利润	435 135	662 975	849 258	1 229 276	1 410 980
归属于母公司股东权益合计	**1 484 743**	**1 734 127**	**1 868 587**	**2 308 177**	**2 510 339**
少数股东权益	18 768	18 763	16 152	15 412	13 643
所有者权益合计	**1 503 511**	**1 752 890**	**1 884 739**	**2 323 589**	**2 523 982**
负债和所有者权益总计	**3 159 971**	**3 820 165**	**3 833 244**	**3 926 227**	**4 930 037**

要求：
对伊利股份进行资产负债表比较趋势分析。

（2）伊利股份资产负债表定比趋势分析表如表 2-19 所示。

表 2-19　伊利股份资产负债表定比趋势分析表

项　　目	2015 年	2016 年	2017 年	2018 年	2019 年
货币资金	100%	174.62%	160.08%	169.13%	267.00%
应收票据	100%	76.62%	80.89%	62.86%	89.92%
应收账款	100%	150.85%	168.24%	168.23%	231.16%
预付款项	100%	118.31%	186.43%	169.40%	361.76%
应收利息	100%	16 492.86%	16 950.00%	8 366.67%	44 869.05%
其他应收款	100%	53.53%	40.31%	31.46%	36.09%
存货	100%	135.99%	126.62%	117.46%	125.99%
其他流动资产	100%	14.92%	16.08%	19.00%	27.71%
流动资产合计	**100%**	**127.53%**	**120.15%**	**122.62%**	**181.24%**
债权投资	100%	236.31%	283.28%	176.04%	187.38%
长期股权投资	100%	4.61%	21.83%	292.10%	316.11%
固定资产	100%	126.12%	139.93%	126.27%	127.42%
在建工程	100%	63.30%	52.31%	90.54%	127.22%
工程物资	100%	203.57%	72.32%	561.08%	153.62%
无形资产	100%	101.94%	104.80%	108.57%	56.36%
商誉	100%	100.00%	100.00%	100.00%	100.00%
长期待摊费用	100%	209.56%	244.28%	124.00%	78.12%
递延所得税资产	100%	83.12%	49.87%	62.82%	67.83%
其他非流动资产	100%	93.64%	101.62%	134.88%	147.45%
非流动资产合计	**100%**	**113.67%**	**122.56%**	**126.02%**	**128.56%**
资产总计	**100%**	**120.89%**	**121.31%**	**124.25%**	**156.02%**

续表

项　　目	2015年	2016年	2017年	2018年	2019年
短期借款	100%	197.55%	151.49%	3.67%	192.36%
应付票据	100%	161.51%	341.80%	204.93%	130.67%
应付账款	100%	101.71%	117.08%	130.06%	139.71%
预收账款	100%	64.62%	60.81%	107.31%	123.26%
应付职工薪酬	100%	112.65%	128.14%	175.33%	197.17%
应交税费	100%	92.25%	96.54%	128.60%	106.00%
应付利息	100%	376.57%	96.70%	2.31%	307.92%
应付股利	100%	258.97%	259.49%	326.77%	478.60%
其他应付款	100%	107.13%	121.21%	121.99%	134.01%
其他流动负债	100%	116.54%	139.92%	107.56%	19.83%
流动负债合计	**100%**	**120.88%**	**117.30%**	**96.07%**	**153.70%**
长期借款	100%	242 748.28%	100.00%	100.00%	100.00%
非流动负债合计	**100%**	**182.91%**	**122.47%**	**106.81%**	**20.10%**
负债合计	**100%**	**124.80%**	**117.63%**	**96.75%**	**145.25%**
实收资本（或股本）	100%	150.00%	296.87%	296.87%	297.54%
资本公积	100%	85.97%	32.85%	32.85%	36.68%
盈余公积	100%	125.02%	159.10%	206.23%	264.92%
未分配利润	100%	152.36%	195.17%	282.50%	324.26%
归属于母公司股东权益合计	**100%**	**116.80%**	**125.85%**	**155.46%**	**169.08%**
少数股东权益	100%	99.97%	86.06%	82.12%	72.69%
所有者权合计	**100%**	**116.59%**	**125.36%**	**154.54%**	**167.87%**
负债和所有者权益总计	**100%**	**120.89%**	**121.31%**	**124.25%**	**156.02%**

要求：

对伊利股份进行资产负债表定比趋势分析。

(3) 伊利股份资产负债表环比趋势分析表如表 2–20 所示。

表 2–20 伊利股份资产负债表环比趋势分析表

项　目	2016 年	2017 年	2018 年	2019 年	平均发展速度
货币资金	174.62%	91.67%	105.66%	157.87%	32.45%
应收票据	76.62%	105.57%	77.71%	143.06%	0.74%
应收账款	150.85%	111.53%	99.99%	137.40%	24.94%
预付款项	118.31%	157.59%	90.87%	213.55%	45.08%
应收利息	16 492.86%	102.77%	49.36%	536.28%	4 195.32%
其他应收款	53.53%	75.30%	78.06%	114.72%	−19.60%
存货	135.99%	93.11%	92.77%	107.26%	7.28%
其他流动资产	14.92%	107.76%	118.15%	145.89%	−3.32%
流动资产合计	**127.53%**	**94.21%**	**102.05%**	**147.80%**	**17.90%**
债权投资	236.31%	119.88%	62.14%	106.44%	31.19%
长期股权投资	4.61%	473.69%	1 338.28%	108.22%	381.20%
固定资产	126.12%	110.95%	90.24%	100.91%	7.05%
在建工程	63.30%	82.64%	173.08%	140.51%	14.88%
工程物资	203.57%	35.53%	775.78%	27.38%	160.57%
无形资产	101.94%	102.80%	103.60%	51.91%	−9.94%
商誉	100.00%	100.00%	100.00%	100.00%	0.00%
长期待摊费用	209.56%	116.57%	50.76%	63.00%	9.97%
递延所得税资产	83.12%	59.99%	125.97%	107.98%	−5.73%
其他非流动资产	93.64%	108.52%	132.73%	109.32%	11.05%
非流动资产合计	**113.67%**	**107.82%**	**102.82%**	**102.02%**	**6.58%**
资产总计	**120.89%**	**100.34%**	**102.43%**	**125.57%**	**12.31%**
短期借款	197.55%	76.69%	2.42%	5 240.00%	1 279.17%
应付票据	161.51%	211.63%	59.96%	63.76%	24.21%
应付账款	101.71%	115.11%	111.09%	107.42%	8.83%
预收账款	64.62%	94.11%	176.45%	114.86%	12.51%
应付职工薪酬	112.65%	113.75%	136.83%	112.46%	18.92%
应交税费	92.25%	104.65%	133.21%	82.43%	3.13%
应付利息	376.57%	25.68%	2.39%	13 328.57%	3 333.30%

续表

项　　目	2016年	2017年	2018年	2019年	平均发展速度
应付股利	258.97%	100.20%	125.93%	146.47%	57.89%
其他应付款	107.13%	113.14%	100.64%	109.86%	7.69%
其他流动负债	116.54%	120.06%	76.88%	18.44%	−17.02%
流动负债合计	120.88%	97.04%	81.90%	159.99%	14.95%
长期借款	242 748.28%	0.04%	100.00%	100.00%	60 637.08%
非流动负债合计	182.91%	66.96%	87.21%	18.81%	−11.03%
负债合计	124.80%	94.25%	82.25%	150.13%	12.86%
实收资本(或股本)	150.00%	197.91%	100.00%	100.23%	37.03%
资本公积	85.97%	38.21%	99.99%	111.68%	−16.04%
盈余公积	125.02%	127.25%	129.62%	128.46%	27.59%
未分配利润	152.36%	128.10%	144.75%	114.78%	35.00%
归属于母公司股东权益合计	116.80%	107.75%	123.53%	108.76%	14.21%
少数股东权益	99.97%	86.08%	95.42%	88.52%	−7.50%
所有者权益合计	116.59%	107.52%	123.28%	108.62%	14.00%
负债和所有者权益总计	120.89%	100.34%	102.43%	125.57%	12.31%

要求：

对伊利股份进行资产负债表环比趋势分析。

案例5：

法尔胜泓昇集团有限公司(以下简称"法尔胜")是一家以生产金属制品为主，产业涉及光通信、精工装备、金融服务、资产管理、物流贸易的多元化企业集团，是苏南地区的国家级创新型企业，长期位列中国企业500强、中国民营企业500强。该公司拥有较强的输送带用钢丝绳、桥梁缆索、预应力钢绞线生产能力。

(1) 法尔胜比较资产负债表如表 2-21 所示。

表 2-21 法尔胜比较资产负债表　　　　　　单位：万元

项　　目	2015 年	2016 年	2017 年	2018 年	2019 年
货币资金	49 436	49 244	46 497	78 343	69 309
应收票据	33 848	20 768	18 333	24 984	22 023
应收账款	59 465	55 981	64 923	59 630	24 632
预付款项	6 744	15 098	4 934	5 831	18 637
应收利息	122	192	150	7 901	15 572
其他应收款	3 451	629	582	1 145	19 209
存货	41 863	46 820	49 902	41 206	6 425
其他流动资产	0	1 463	1 408	477 142	619 626
流动资产合计	**194 929**	**190 195**	**186 729**	**696 182**	**795 433**
债权投资	33 711	31 942	27 590	34 467	63 321
长期应收款	0	0	78 877	74 870	0
固定资产	72 540	68 322	60 637	28 785	18 903
在建工程	6 241	6 126	9 093	1 222	43
无形资产	13 698	13 024	12 349	8 265	4 376
商誉	0	0	33 000	33 000	33 000
长期待摊费用	0	0	61	42	18
递延所得税资产	1 513	1 426	1 519	2 223	1 805
非流动资产合计	**127 703**	**120 840**	**223 126**	**182 874**	**121 466**
资产总计	**322 632**	**311 035**	**409 855**	**879 056**	**916 899**
短期借款	129 557	110 000	92 880	459 500	450 160
应付票据	41 967	41 908	30 432	53 121	32 161
应付账款	26 173	30 463	40 321	24 395	19 400
预收款项	2 380	5 544	11 271	14 391	4 477
应付职工薪酬	800	564	750	1 053	1 009
应交税费	687	1 666	807	2 219	5 104
应付利息	399	271	154	10 881	12 988
应付股利	24	24	24	0	0
其他应付款	536	397	472	97 949	31 290
一年内到期的非流动负债	2 500	2 900	2 900	1 296	49 250
流动负债合计	**205 023**	**193 737**	**180 011**	**664 805**	**605 839**

续表

项　　目	2015年	2016年	2017年	2018年	2019年
长期借款	5 800	2 900	3 000	49 200	43 200
长期应付款	0	0	70 500	72 740	5 343
递延收益	586	638	80	550	0
递延所得税负债	0	0	0	806	2 050
非流动负债合计	**6 386**	**3 538**	**73 580**	**123 296**	**50 593**
负债合计	**211 409**	**197 275**	**253 591**	**788 101**	**656 432**
实收资本(或股本)	37 964	37 964	37 964	37 964	37 964
资本公积	46 409	47 292	47 292	1 377	1 377
其他综合收益	0	0	0	2 304	6 035
盈余公积	7 266	7 266	7 266	8 083	8 356
未分配利润	11 854	11 614	12 165	30 564	40 804
归属于母公司所有者权益合计	**103 493**	**104 136**	**104 687**	**80 292**	**94 536**
少数股东权益	7 730	9 624	51 577	10 663	165 931
所有者权益合计	**111 223**	**113 760**	**156 264**	**90 955**	**260 467**
负债和所有者权益总计	**322 632**	**311 035**	**409 855**	**879 056**	**916 899**

要求：

对法尔胜进行资产负债表比较趋势分析。

(2) 法尔胜资产负债表定比分析表如表2-22所示。

表2-22　法尔胜资产负债表定比分析表

项　　目	2015年	2016年	2017年	2018年	2019年
货币资金	100.00%	99.61%	94.05%	158.47%	140.20%
应收票据	100.00%	61.36%	54.16%	73.81%	65.06%
应收账款	100.00%	94.14%	109.18%	100.28%	41.42%
预付款项	100.00%	223.87%	73.16%	86.46%	276.35%
应收利息	100.00%	156.38%	122.95%	6 476.23%	12 763.93%
其他应收款	100.00%	18.23%	16.86%	33.18%	556.62%

续表

项　　目	2015 年	2016 年	2017 年	2018 年	2019 年
存货	100.00%	111.84%	119.20%	98.43%	15.35%
流动资产合计	**100.00%**	**97.57%**	**95.79%**	**357.15%**	**408.06%**
债权投资	100.00%	94.75%	81.84%	102.24%	187.83%
固定资产	100.00%	94.19%	83.59%	39.68%	26.06%
在建工程	100.00%	98.16%	145.70%	19.58%	0.69%
无形资产	100.00%	95.08%	90.15%	60.34%	31.95%
递延所得税资产	100.00%	94.25%	100.40%	146.93%	119.30%
非流动资产合计	**100.00%**	**94.63%**	**174.72%**	**143.20%**	**95.12%**
资产总计	**100.00%**	**96.41%**	**127.03%**	**272.46%**	**284.19%**
短期借款	100.00%	84.90%	71.69%	354.67%	347.46%
应付票据	100.00%	99.86%	72.51%	126.58%	76.63%
应付账款	100.00%	116.39%	154.06%	93.21%	74.12%
预收款项	100.00%	232.94%	473.57%	604.66%	188.11%
应付职工薪酬	100.00%	70.50%	93.75%	131.63%	126.13%
应交税费	100.00%	242.50%	117.47%	323.00%	742.94%
应付利息	100.00%	67.92%	38.60%	2 727.07%	3 255.14%
应付股利	100.00%	100.00%	100.00%	0.00%	0.00%
其他应付款	100.00%	74.07%	88.06%	18 274.07%	5 837.69%
一年内到期的非流动负债	100.00%	116.00%	116.00%	51.84%	1 970.00%
流动负债合计	**100.00%**	**94.50%**	**87.80%**	**324.26%**	**295.50%**
长期借款	100.00%	50.00%	51.72%	848.28%	744.83%
递延收益	100.00%	108.87%	13.65%	93.86%	0.00%
非流动负债合计	**100.00%**	**55.40%**	**1 152.21%**	**1 930.72%**	**792.25%**
负债合计	**100.00%**	**93.31%**	**119.95%**	**372.78%**	**310.50%**
实收资本(或股本)	100.00%	100.00%	100.00%	100.00%	100.00%
资本公积	100.00%	101.90%	101.90%	2.97%	2.97%
盈余公积	100.00%	100.00%	100.00%	111.24%	115.00%
未分配利润	100.00%	97.98%	102.62%	257.84%	344.22%
归属于母公司所有者权益合计	**100.00%**	**100.62%**	**101.15%**	**77.58%**	**91.35%**
少数股东权益	100.00%	124.50%	667.23%	137.94%	2 146.58%
所有者权益合计	**100.00%**	**102.28%**	**140.50%**	**81.78%**	**234.18%**
负债和所有者权益总计	**100.00%**	**96.41%**	**127.03%**	**272.46%**	**284.19%**

要求：

对法尔胜进行资产负债表定比趋势分析

(3) 法尔胜资产负债表环比趋势分析表如表 2-23 所示。

表 2-23 法尔胜资产负债表环比趋势分析表

项目	2016 年	2017 年	2018 年	2019 年	平均发展速度
货币资金	99.61%	94.42%	168.49%	88.47%	12.75%
应收票据	61.36%	88.28%	136.28%	88.15%	−6.49%
应收账款	94.14%	115.97%	91.85%	41.31%	−14.18%
预付款项	223.87%	32.68%	118.18%	319.62%	73.59%
应收利息	157.38%	78.13%	5 267.33%	197.09%	1 324.98%
其他应收款	18.23%	92.53%	196.74%	1 677.64%	396.28%
存货	111.84%	106.58%	82.57%	15.59%	−20.85%
其他流动资产	—	96.24%	33 887.93%	129.86%	—
流动资产合计	**97.57%**	**98.18%**	**372.83%**	**114.26%**	**70.71%**
债权投资	94.75%	86.38%	124.92%	183.71%	17.95%
长期应收款	—	—	94.92%	0.00%	—
固定资产	94.19%	88.75%	47.47%	65.67%	−25.98%
在建工程	98.16%	148.43%	13.44%	3.52%	−34.11%
无形资产	95.08%	94.82%	66.93%	52.95%	−22.56%
商誉	—	—	100.00%	100.00%	—
长期待摊费用	—	—	68.85%	42.86%	—
递延所得税资产	94.25%	106.52%	146.35%	81.20%	7.08%
非流动资产合计	**94.63%**	**184.65%**	**81.96%**	**66.42%**	**6.91%**
资产总计	**96.41%**	**131.77%**	**214.48%**	**104.30%**	**36.74%**
短期借款	84.90%	84.44%	494.72%	97.97%	90.51%
应付票据	99.86%	72.62%	174.56%	60.54%	1.89%
应付账款	116.39%	132.36%	60.50%	79.52%	−2.81%
预收款项	232.94%	203.30%	127.68%	31.11%	48.76%

续表

项　目	2016年	2017年	2018年	2019年	平均发展速度
应付职工薪酬	70.54%	132.98%	140.40%	95.82%	9.93%
应交税费	242.50%	48.44%	274.97%	230.01%	98.98%
应付利息	67.92%	56.83%	7 065.58%	119.36%	1 727.42%
应付股利	100.00%	100.00%	0.00%	—	—
其他应付款	74.07%	118.89%	20 751.91%	31.95%	5 144.20%
一年内到期的非流动负债	116.00%	100.00%	44.69%	3 800.15%	915.21%
流动负债合计	**94.50%**	**92.92%**	**369.31%**	**91.13%**	**61.96%**
长期借款	50.00%	103.45%	1 640.00%	87.80%	370.31%
长期应付款	—	—	103.18%	7.35%	—
递延收益	108.78%	12.54%	687.50%	—	102.23%
递延所得税负债	—	—	—	254.34%	—
非流动负债合计	**55.40%**	**2 079.71%**	**167.57%**	**41.03%**	**485.93%**
负债合计	**93.31%**	**128.55%**	**310.78%**	**83.29%**	**53.98%**
实收资本(或股本)	100.00%	100.00%	100.00%	100.00%	0.00%
资本公积	101.90%	100.00%	2.91%	100.00%	−23.80%
盈余公积	100.00%	100.00%	111.24%	103.38%	3.66%
未分配利润	97.98%	104.74%	251.25%	133.50%	46.87%
归属于母公司所有者权益合计	**100.62%**	**100.53%**	**76.70%**	**117.74%**	**−1.10%**
少数股东权益	124.50%	535.92%	20.67%	1 556.14%	459.31%
所有者权益合计	**102.28%**	**137.36%**	**58.21%**	**286.37%**	**46.05%**
负债和所有者权益总计	**96.41%**	**131.77%**	**214.48%**	**104.30%**	**36.74%**

要求：

对法尔胜进行资产负债表环比趋势分析。

案例 6：

江苏雅克科技股份有限公司（以下简称"雅克科技"）主要致力于电子半导体材料、深冷复合材料以及塑料助剂材料的研发和生产。公司通过多种方式参与到集成电路（晶圆制造及封装）、平板显示等电子制造产业链的各个环节中，为客户提供多方位的产品和技术服务，并积极探索新业务模式，满足市场的需求。

（1）雅克科技资产负债表比较分析表如表 2-24 所示。

表 2-24 雅克科技资产负债表比较分析表　　　　　单位：万元

项　　目	2015 年	2016 年	2017 年	2018 年	2019 年
货币资金	13 959	25 052	19 240	16 421	15 641
交易性金融资产	—	218	—	155	25
应收票据	4 561	5 327	4 314	3 534	1 937
应收账款	21 953	19 551	15 027	18 217	18 855
预付款项	2 989	941	464	720	2 664
应收利息	—	313	402	62	25
其他应收款	356	710	319	454	441
存货	17 371	17 139	13 608	17 099	17 658
其他流动资产	46 129	56 131	58 574	17 748	5 497
流动资产合计	**107 318**	**125 382**	**111 948**	**74 410**	**62 743**
债权投资	—	—	10 000	40 000	40 000
固定资产	26 426	24 365	22 545	27 973	42 124
在建工程	1 469	9 045	13 887	13 710	4 789
无形资产	2 899	2 721	5 665	6 753	6 808
商誉	—	—	—	12 613	12 613
长期待摊费用	—	—	—	—	24
递延所得税资产	726	718	695	1 182	1 176
其他非流动资产	—	6 685	6 248	7 357	6 969
非流动资产合计	**31 520**	**43 534**	**59 040**	**109 588**	**114 503**
资产总计	**138 838**	**168 916**	**170 988**	**183 998**	**177 246**
短期借款	—	13 178	16 494	5 572	900
交易性金融负债	—	72	281	131	—
应付票据	—	10 213	8 067	8 417	6 153
应付账款	11 997	14 497	6 831	8 283	6 524

续表

项　　目	2015年	2016年	2017年	2018年	2019年
预收账款	63	103	180	535	259
应付职工薪酬	486	544	539	718	998
应交税费	524	965	1 611	1 623	968
应付利息	—	114	17	9	1
其他应付款	145	423	472	4 097	3 287
流动负债合计	**13 215**	**40 109**	**34 492**	**29 385**	**19 090**
预计非流动负债	—	153	714	714	714
长期递延收益	—	774	813	1 375	1 271
递延所得税负债	—	36	—	257	195
其他非流动负债	824	—	—	—	—
非流动负债合计	**824**	**963**	**1 527**	**2 346**	**2 180**
负债合计	**14 039**	**41 072**	**36 019**	**31 731**	**21 270**
实收资本(或股本)	16 632	16 632	16 632	34 383	34 383
资本公积	75 144	75 144	75 144	70 392	70 392
专项储备	218	359	485	623	560
盈余公积	3 481	4 607	5 697	6 476	6 780
未分配利润	29 673	30 163	36 304	39 565	42 026
归属于母公司股东权益合计	**123 148**	**126 905**	**134 262**	**151 439**	**154 141**
少数股东权益	1 651	939	707	828	1 835
所有者权益合计	**124 799**	**127 844**	**134 969**	**152 267**	**155 976**
负债和所有者权益总计	**138 838**	**168 916**	**170 988**	**183 998**	**177 246**

要求：

对雅克科技进行资产负债表比较趋势分析。

(2) 雅克科技资产负债表定比趋势分析表如表 2-25 所示。

表 2-25 雅克科技资产负债表定比趋势分析表

项　　目	2015 年	2016 年	2017 年	2018 年	2019 年
货币资金	100.00%	179.47%	137.83%	117.64%	112.05%
应收票据	100.00%	116.79%	94.58%	77.48%	42.47%
应收账款	100.00%	89.06%	68.45%	82.98%	85.89%
预付款项	100.00%	31.48%	15.52%	24.09%	89.13%
其他应收款	100.00%	199.44%	89.61%	127.53%	123.88%
存货	100.00%	98.66%	78.34%	98.43%	101.65%
其他流动资产	100.00%	121.68%	126.98%	38.47%	11.92%
流动资产合计	**100.00%**	**116.83%**	**104.31%**	**69.34%**	**58.46%**
固定资产	100.00%	92.20%	85.31%	105.85%	159.40%
在建工程	100.00%	615.72%	945.34%	933.29%	326.00%
无形资产	100.00%	93.86%	195.41%	232.94%	234.84%
递延所得税资产	100.00%	98.90%	95.73%	162.81%	161.98%
非流动资产合计	**100.00%**	**138.12%**	**187.31%**	**347.68%**	**363.27%**
资产总计	**100.00%**	**121.66%**	**123.16%**	**132.53%**	**127.66%**
应付账款	100.00%	120.84%	56.94%	69.04%	54.38%
预收账款	100.00%	163.49%	285.71%	849.21%	411.11%
应付职工薪酬	100.00%	111.93%	110.91%	147.74%	205.35%
应交税费	100.00%	184.16%	307.44%	309.73%	184.73%
其他应付款	100.00%	291.72%	325.52%	2 825.52%	2 266.90%
流动负债合计	**100.00%**	**303.51%**	**261.01%**	**222.36%**	**144.46%**
非流动负债合计	**100.00%**	**116.87%**	**185.32%**	**284.71%**	**264.56%**
负债合计	**100.00%**	**292.56%**	**256.56%**	**226.02%**	**151.51%**
实收资本（或股本）	100.00%	100.00%	100.00%	206.73%	206.73%
资本公积	100.00%	100.00%	100.00%	93.68%	93.68%
专项储备	100.00%	164.68%	222.48%	285.78%	256.88%
盈余公积	100.00%	132.35%	163.66%	186.04%	194.77%
未分配利润	100.00%	101.65%	122.35%	133.34%	141.63%
归属于母公司股东权益合计	**100.00%**	**103.05%**	**109.02%**	**122.97%**	**125.17%**
所有者权益合计	**100.00%**	**102.44%**	**108.15%**	**122.01%**	**124.98%**
负债和所有者权益总计	**100.00%**	**121.66%**	**123.16%**	**132.53%**	**127.66%**

要求：
对雅克科技进行资产负债表定比趋势分析。

（3）雅克科技资产负债表环比趋势分析表如表 2-26 所示。

表 2-26　雅克科技资产负债表环比趋势分析表

项　　目	2016 年	2017 年	2018 年	2019 年	平均发展速度
货币资金	179.47%	76.80%	85.35%	95.25%	9.22%
应收票据	116.79%	80.98%	81.92%	54.81%	−16.37%
应收账款	89.06%	76.86%	121.23%	103.50%	−2.34%
预付款项	31.48%	49.31%	155.17%	370.00%	51.49%
其他应收款	199.44%	44.93%	142.32%	97.14%	20.96%
存货	98.66%	79.40%	125.65%	103.27%	1.75%
其他流动资产	121.68%	104.35%	30.30%	30.97%	−28.17%
流动资产合计	**116.83%**	**89.29%**	**66.47%**	**84.32%**	**−10.77%**
固定资产	92.20%	92.53%	124.08%	150.59%	14.85%
在建工程	615.72%	153.53%	98.73%	34.93%	125.73%
无形资产	93.86%	208.20%	119.21%	100.81%	30.52%
递延所得税资产	98.90%	96.80%	170.07%	99.49%	16.31%
非流动资产合计	**138.12%**	**135.62%**	**185.62%**	**104.48%**	**40.96%**
资产总计	**121.66%**	**101.23%**	**107.61%**	**96.33%**	**6.71%**
应付账款	120.84%	47.12%	121.26%	78.76%	−8.01%
预收账款	163.49%	174.76%	297.22%	48.41%	70.97%
应付职工薪酬	111.93%	99.08%	133.21%	139.00%	20.81%
应交税费	184.16%	166.94%	100.74%	59.64%	27.87%
其他应付款	291.72%	111.58%	868.01%	80.23%	237.89%
流动负债合计	**303.51%**	**34.92%**	**85.19%**	**64.97%**	**25.59%**
非流动负债合计	**116.87%**	**158.57%**	**153.63%**	**92.92%**	**30.50%**

续表

项 目	2016年	2017年	2018年	2019年	平均发展速度
负债合计	292.56%	87.70%	88.10%	67.03%	33.85%
实收资本(或股本)	100.00%	100.00%	206.73%	100.00%	26.68%
资本公积	100.00%	100.00%	93.68%	100.00%	−1.58%
专项储备	164.68%	135.10%	128.45%	89.89%	29.53%
盈余公积	132.35%	123.66%	113.67%	104.69%	18.59%
未分配利润	101.65%	120.36%	108.98%	106.22%	9.30%
归属于母公司股东权益合计	103.05%	105.80%	112.79%	101.78%	5.86%
所有者权益合计	102.44%	105.57%	112.82%	102.44%	5.82%
负债和所有者权益总计	121.66%	101.23%	107.61%	96.33%	6.71%

要求：

对雅克科技进行资产负债表环比趋势分析。

(三) 资产负债表结构分析

1. 横向结构分析

案例1：

江苏阳光2019年资产负债表横向变动情况分析表如表2-27所示。

表2-27 江苏阳光2019年资产负债表横向变动情况分析表　　金额单位：万元

项 目	期末余额(1)	期初余额(2)	变动额(3)=(1)−(2)	变动率(4)=(3)/(2)	对总资产的影响(5)=(3)/期初资产总计
货币资金	95 489	66 568	28 921	43.45%	6.42%
应收票据	7 092	12 134	−5 042	−41.55%	−1.12%
应收账款	33 726	28 018	5 708	20.37%	1.27%
预付款项	316	3 963	−3 647	−92.03%	−0.81%
其他应收款	42	2 015	−1 973	−97.92%	−0.44%
存货	82 804	71 550	11 254	15.73%	2.50%
其他流动资产	1 090	27	1 063	3 879.58%	0.24%

续表

项 目	期末余额(1)	期初余额(2)	变动额(3)=(1)−(2)	变动率(4)=(3)/(2)	对总资产的影响(5)=(3)/期初资产总计
流动资产合计	**220 559**	**188 975**	**31 584**	**16.71%**	**7.01%**
债权投资	25 487	25 487	0	0.00%	0.00%
投资性房地产	6 947	7 432	−485	−6.53%	−0.11%
固定资产	168 111	175 906	−7 795	−4.43%	−1.73%
在建工程	15 425	14 567	858	5.89%	0.19%
公益性生物资产	2 213	2 213	0	0.00%	0.00%
无形资产	16 071	16 868	−797	−4.72%	−0.18%
长期待摊费用	1 413	1 738	−325	−18.70%	−0.07%
递延所得税资产	6 391	2 195	4 196	191.16%	0.93%
其他非流动资产	9 549	14 870	−5 321	−35.78%	−1.18%
非流动资产合计	**251 607**	**261 276**	**−9 669**	**−3.70%**	**−2.15%**
资产总计	**472 166**	**450 251**	**21 915**	**4.87%**	**4.87%**
短期借款	123 767	119 100	4 667	**3.92%**	1.04%
应付账款	28 099	18 156	9 943	**54.76%**	2.21%
预收账款	4 549	1 855	2 694	145.23%	0.60%
应付职工薪酬	6 293	781	5 512	705.76%	1.22%
应交税费	1 699	1 408	291	20.67%	0.06%
其他应付款	6 019	5 443	576	10.58%	0.13%
一年内到期的非流动负债	70 000	7 097	62 903	886.33%	13.97%
流动负债合计	**240 426**	**160 240**	**80 186**	**50.04%**	**17.81%**
长期借款	0	70 000	−70 000	−100.00%	−15.55%
长期递延收益	−799	−1 193	394	−33.03%	0.09%
递延所得税负债	736	841	−105	−12.49%	−0.02%
非流动负债合计	**−63**	**69 648**	**−69 711**	**−100.09%**	**−15.48%**
负债合计	**240 363**	**229 888**	**10 475**	**4.56%**	**2.33%**
实收资本	178 334	178 334	0	0.00%	0.00%
其他综合收益	−335	1	−336	−28 185.72%	−0.07%
盈余公积	15 269	15 269	0	0.00%	0.00%
未分配利润	13 880	1 781	12 099	679.34%	2.69%
所有者权益合计	**231 803**	**220 363**	**11 440**	**5.19%**	**2.54%**
负债和所有者权益总计	**472 166**	**450 251**	**21 915**	**4.87%**	**4.87%**

要求：
对江苏阳光进行资产负债表横向结构分析。

案例 2：
红宝丽横向结构分析表如表 2-28 所示。

表 2-28 红宝丽横向结构分析表　　　　金额单位：万元

项　目	期末余额 （1）	期初余额 （2）	变动额（3）＝ （1）－（2）	变动率（4）＝ （3）/（2）	对总资产的 影响（5）＝ （3）/期初 总资产
货币资金	16 292	45 193	−28 901	−63.95%	−11.60%
应收票据	35 002	18 616	16 386	88.02%	6.58%
应收账款	28 672	30 392	−1 720	−5.66%	−0.69%
预付款项	8 486	8 597	−111	−1.29%	−0.04%
其他应收款	778	220	558	253.64%	0.22%
存货	34 956	27 356	7 600	27.78%	3.05%
其他流动资产	9 009	3 034	5 975	196.93%	2.40%
流动资产合计	**133 195**	**133 408**	**−213**	**−0.16%**	**−0.09%**
债权投资	8 724	8 024	700	8.72%	0.28%
固定资产	66 251	69 053	−2 802	−4.06%	−1.12%
在建工程	68 442	19 504	48 938	250.91%	19.64%
无形资产	24 219	18 396	5 823	31.65%	2.34%
递延所得税资产	1 063	757	306	40.42%	0.12%
非流动资产合计	**168 699**	**115 733**	**52 966**	**45.77%**	**21.26%**
资产总计	**301 894**	**249 141**	**52 753**	**21.17%**	**21.17%**
短期借款	40 365	31 000	9 365	30.21%	3.76%
应付票据	32 251	28 904	3 347	11.58%	1.34%
应付账款	29 196	18 366	10 830	58.97%	4.35%
预收款项	2 162	1 639	523	31.91%	0.21%
应付职工薪酬	2 435	2 544	−109	−4.28%	−0.04%
应交税费	556	798	−242	−30.33%	−0.10%

续表

项目	期末余额(1)	期初余额(2)	变动额(3)=(1)−(2)	变动率(4)=(3)/(2)	对总资产的影响(5)=(3)/期初总资产
应付利息	142	37	105	283.78%	0.04%
其他应付款	3 307	4 748	−1 441	−30.33%	−0.58%
一年内到期的非流动负债	1 930	0	1 930	—	0.77%
流动负债合计	**112 348**	**88 038**	**24 312**	**27.62%**	**9.76%**
长期借款	17 318	0	17 318	—	6.95%
递延收益	4 559	2 890	1 669	57.75%	0.67%
非流动负债合计	**21 877**	**2 890**	**18 987**	**656.99%**	**7.62%**
负债合计	**134 221**	**90 929**	**43 292**	**47.61%**	**17.38%**
股本	60 205	60 205	0.00	0.00%	0.00%
资本公积	34 530	34 530	0.00	0.00%	0.00%
其他综合收益	−4	10	−14	−140.00%	−0.01%
盈余公积	7 807	7 050	757	10.74%	0.30%
未分配利润	52 874	54 357	−1 483	−2.73%	−0.60%
所有者权益合计	**167 673**	**158 215**	**9 458**	**5.98%**	**3.80%**
负债和所有者权益总计	**301 894**	**249 141**	**52 753**	**21.17%**	**21.17%**

要求：
对红宝丽进行资产负债表横向结构分析。

案例3：

法尔胜资产负债表横向结构分析如表2-29所示。

表 2-29　法尔胜资产负债表横向结构分析　　　　　金额单位：万元

项目	期末余额(1)	期初余额(2)	变动额(3)=(1)−(2)	变动率(4)=(3)/(2)	对总资产的影响(5)=(3)/期初总资产
货币资金	69 309	78 343	−9 034	−11.53%	−1.03%
应收票据	22 023	24 984	−2 961	−11.85%	−0.34%

续表

项　　目	期末余额（1）	期初余额（2）	变动情况 变动额(3)=(1)-(2)	变动情况 变动率(4)=(3)/(2)	对总资产的影响(5)=(3)/期初总资产
应收账款	24 632	59 630	−34 998	−58.69%	−3.98%
预付款项	18 637	5 831	12 806	219.62%	1.46%
应收利息	15 572	7 901	7 671	97.09%	0.87%
其他应收款	19 209	1 145	18 064	1 577.64%	2.05%
存货	6 425	41 206	−34 781	−84.41%	−3.96%
其他流动资产	619 626	477 142	142 484	29.86%	16.21%
流动资产合计	**795 433**	**696 182**	**99 251**	**14.26%**	**11.29%**
债权投资	63 321	34 467	28 854	83.71%	3.28%
长期应收款	0	74 870	−74 870	−100.00%	−8.52%
固定资产	18 903	28 785	−9 882	−34.33%	−1.12%
在建工程	43	1 222	−1 179	−96.48%	−0.13%
无形资产	4 376	8 265	−3 889	−47.05%	−0.44%
商誉	33 000	33 000	0	0.00%	0.00%
长期待摊费用	18	42	−24	−57.14%	0.00%
递延所得税资产	1 805	2 223	−418	−18.80%	−0.05%
非流动资产合计	**121 466**	**182 874**	**−61 408**	**−33.58%**	**−6.99%**
资产总计	**916 899**	**879 056**	**37 843**	**4.30%**	**4.30%**
短期借款	450 160	459 500	−9 340	−2.03%	−1.06%
应付票据	32 161	53 121	−20 960	**−39.46%**	−2.38%
应付账款	19 400	24 395	−4 995	−20.48%	−0.57%
预收款项	4 477	14 391	−9 914	−68.89%	−1.13%
应付职工薪酬	1 009	1 053	−44	−4.18%	−0.01%
应交税费	5 104	2 219	2 885	130.01%	0.33%
应付利息	12 988	10 881	2 107	19.36%	0.24%
其他应付款	31 290	97 949	−66 659	−68.05%	−7.58%
一年内到期的非流动负债	49 250	1 296	47 954	3 700.15%	5.46%
流动负债合计	**605 839**	**664 805**	**−58 966**	**−8.87%**	**−6.71%**
长期借款	43 200	49 200	−6 000	−12.20%	−0.68%
长期应付款	5 343	72 740	−67 397	−92.65%	−7.67%
递延收益	0	550	−550	−100.00%	−0.06%
递延所得税负债	2 050	806	1 244	154.34%	0.14%

续表

项　　目	期末余额(1)	期初余额(2)	变动情况 变动额(3)=(1)-(2)	变动情况 变动率(4)=(3)/(2)	对总资产的影响(5)=(3)/期初总资产
非流动负债合计	50 593	123 296	-72 703	-58.97%	-8.27%
负债合计	656 432	788 101	-131 669	-16.71%	-14.98%
股本	37 964	37 964	0	0.00%	0.00%
资本公积	1 377	1 377	0	0.00%	0.00%
其他综合收益	6 035	2 304	3 731	161.94%	0.42%
盈余公积	8 356	8 083	273	3.38%	0.03%
未分配利润	40 804	30 564	10 240	33.50%	1.16%
归属于母公司所有者权益合计	94 536	80 292	14 244	17.74%	1.62%
少数股东权益	0	10 662	-10 662	-100.00%	-1.21%
所有者权益合计	260 467	90 955	169 512	186.37%	19.28%
负债和所有者权益总计	916 899	879 056	37 843	4.30%	4.30%

要求：

对法尔胜进行资产负债表横向结构分析。

案例 4：

内蒙古伊利实业集团股份有限公司（下文简称"伊利股份"）主业为食品饮料，其资产负债表横向变动情况分析表如表 2-30 所示。

表 2-30　伊利股份资产负债表横向变动情况分析表　　金额单位：万元

项　　目	期末余额(1)	期初余额(2)	变动情况 变动额(3)=(1)-(2)	变动情况 变动率(4)=(3)/(2)	对总资产的影响(5)=(3)/期初总资产
货币资金	2 182 307	1 382 365	799 942	57.87%	20.37%
应收票据	16 360	11 436	4 924	43.06%	0.13%
应收账款	78 614	57 214	21 400	37.40%	0.55%
预付款项	119 243	55 839	63 404	113.55%	1.61%
应收利息	18 845	3 514	15 331	436.28%	0.39%

续表

项　　目	期末余额（1）	期初余额（2）	变动额(3)=(1)-(2)	变动率(4)=(3)/(2)	对总资产的影响(5)=(3)/期初总资产
其他应收款	4 466	3 893	573	14.72%	0.01%
存货	463 999	432 578	31 421	7.26%	0.80%
其他流动资产	100 739	69 050	31 689	45.89%	0.81%
流动资产合计	**2 984 573**	**2 019 270**	**965 303**	**47.80%**	**24.59%**
债权投资	65 182	61 236	3 946	6.44%	0.10%
长期股权投资	176 519	163 110	13 409	8.22%	0.34%
固定资产	1 325 639	1 313 746	11 893	0.91%	0.30%
在建工程	188 786	134 360	54 426	40.51%	1.39%
工程物资	1 421	5 190	-3 769	-72.62%	-0.10%
无形资产	51 436	99 088	-47 652	-48.09%	-1.21%
商誉	1 068	1 068	0	0.00%	0.00%
长期待摊费用	6 920	10 984	-4 064	-37%	-0.10%
递延所得税资产	55 995	51 858	4 137	7.98%	0.11%
其他非流动资产	72 498	66 317	6 181	9.32%	0.16%
非流动资产合计	**1 945 464**	**1 906 957**	**38 507**	**2.02%**	**0.98%**
资产总计	**4 930 037**	**3 926 227**	**1 003 810**	**25.57%**	**25.57%**
短期借款	786 000	15 000	771 000	5 140.00%	19.64%
应付票据	21 528	33 762	-12 234	-36.24%	-0.31%
应付账款	725 388	675 291	50 097	7.42%	1.28%
预收款项	412 557	359 167	53 390	14.86%	1.36%
应付职工薪酬	260 362	231 517	28 845	12.46%	0.73%
应交税费	40 409	49 023	-8 614	-17.57%	-0.22%
应付利息	933	7	926	13 228.57%	0.02%
应付股利	7 313	4 993	2 320	46.47%	0.06%
其他应付款	126 901	115 515	11 386	9.86%	0.29%
一年内到期的非流动负债	2 419	0	2 419	—	0.06%
其他流动负债	1 193	6 470	-5 277	-81.56%	-0.13%
流动负债合计	**2 385 003**	**1 490 745**	**894 258**	**59.99%**	**22.78%**
长期借款	29	29	0	0	0

续表

项　　目	期末余额 （1）	期初余额 （2）	变动情况 变动额(3)=(1)-(2)	变动情况 变动率(4)=(3)/(2)	对总资产的影响(5)=(3)/期初总资产
长期应付款	6 404	0	6 404	—	0.16%
长期递延收益	14 619	111 864	−97 245	−86.93%	−2.48%
非流动负债合计	**21 052**	**111 893**	**−90 841**	**−81.19%**	**−2.31%**
负债合计	**2 406 054**	**1 602 639**	**803 415**	**50.13%**	**20.46%**
股本	607 849	606 480	1 369	0.23%	0.03%
资本公积	276 553	247 636	28 917	11.68%	0.74%
减：库存股	20 169	0	20 169	—	0.51%
其他综合收益	−7 139	36 195	−43 334	−119.72%	−1.10%
盈余公积	242 265	188 590	53 675	28.46%	1.37%
未分配利润	1 410 980	1 229 276	181 704	14.78%	4.63%
所有者权益合计	**2 523 982**	**2 323 589**	**200 393**	**8.62%**	**5.10%**
负债和所有者权益总计	**4 930 037**	**3 926 227**	**1 003 810**	**25.57%**	**25.57%**

要求：

对伊利股份进行资产负债表横向结构分析。

2. 资产变动原因分析表

案例 1：

江苏阳光 2019 年资产负债表变动原因分析表如表 2-31 所示。

表 2-31　江苏阳光 2019 年资产负债表变动原因分析表　　金额单位：万元

资产	期末	期初	负债和所有者权益	期末	期初	变动额	对资产变动的影响
流动资产	220 559	188 975	负债	240 363	229 888	10 475	2.33%
流动资产	220 559	188 975	股本	178 334	178 334	0	0.00%
流动资产	220 559	188 975	资本公积	0	0	0	0.00%
非流动资产	251 607	261 276	减：库存股	0	0	0	0.00%
非流动资产	251 607	261 276	其他综合收益	−335	1	−336	−0.07%
非流动资产	251 607	261 276	盈余公积	15 269	15 269	0	0.00%

续表

资产	期末	期初	负债和所有者权益	期末	期初	变动额	对资产变动的影响
总计	472 166	450 251	未分配利润	13 880	1 781	12 099	2.69%
			少数股东权益	24 655	24 978	−323	−0.07%
			总　计	472 175	450 261	21 914	—

要求：

对江苏阳光进行资产负债表变动原因分析。

案例 2：

红宝丽 2019 年资产负债表变动原因分析表如表 2-32 所示。

表 2-32　红宝丽股份 2019 年资产负债表变动原因分析表　　金额单位：万元

资产	期末	期初	负债和所有者权益	期末	期初	变动额	对资产变动的影响
流动资产	133 195	133 408	负　债	134 221	90 926	43 295	17.38%
			股　本	60 205	60 205	0	0.00%
			资本公积	34 530	34 530	0	0.00%
非流动资产	168 699	115 733	盈余公积	7 807	7 050	757	0.41%
总计	301 894	249 141	未分配利润	52 874	54 357	−1 483	−0.60%
			总　计	301 894	249 141	52 753	—

要求：

对红宝丽进行资产负债表变动原因分析。

案例 3：

法尔胜 2019 年资产负债表变动原因分析表如表 2-33 所示。

表 2-33　法尔胜 2019 年资产负债表变动原因分析表　　金额单位：万元

资产	期末	期初	负债和所有者权益	期末	期初	变动额	对资产变动的影响
流动资产	795 433	696 182	负债	656 432	788 101	−131 669	−14.98%
			股本	37 964	37 964	0	0.00%
			资本公积	1 377	1 377	0	0.00%
非流动资产	121 466	182 874	其他综合收益	6 035	2 304	3 731	0.42%
			盈余公积	8 356	8 083	273	0.03%
总计	916 899	879 056	未分配利润	40 804	30 564	10 240	1.16%
			少数股东权益	165 931	10 663	155 268	17.66%
			总　计	916 899	879 059	37 840	—

要求：

对法尔胜进行资产负债表变动原因分析。

案例 4：

伊利股份 2019 年资产负债表横向变动原因分析表如表 2-34 所示。

表 2-34　伊利股份 2019 年资产负债表横向变动原因分析表　　金额单位：万元

资产	期末	期初	负债和所有者权益	期末	期初	变动额	对资产变动的影响
流动资产	2 984 573	2 019 270	负债	2 406 054	1 602 639	803 415	20.46%
			股本	607 849	606 480	1 369	0.03%
			资本公积	276 553	247 636	28 917	0.74%
非流动资产	1 945 464	1 906 957	减：库存股	20 169	0	20 169	0.51%
			其他综合收益	−7 139	36 195	−43 334	−1.10%
			盈余公积	242 265	188 590	53 675	1.37%
总计	4 930 037	3 926 227	未分配利润	1 410 980	1 229 276	181 704	4.63%
			少数股东权益	13 643	15 412	−1 769	−0.05%
			总　计	4 930 037	3 926 227	1 003 810	—

要求:
对伊利股份进行资产负债表变动原因分析。

3. 纵向结构分析

案例 1:

江苏阳光 2019 年资产负债表纵向结构分析表如表 2 - 35 所示。

表 2 - 35　江苏阳光 2019 年资产负债表纵向结构分析表　　金额单位:万元

项　　目	期末余额(1)	期初余额(2)	期末结构百分比(3)	期初结构百分比(4)	变动情况(5)
货币资金	95 489	66 568	20.22%	14.78%	5.44%
应收票据	7 092	12 134	1.50%	2.69%	-1.19%
应收账款	33 726	28 018	7.14%	6.22%	0.92%
预付款项	316	3 963	0.07%	0.88%	-0.81%
其他应收款	42	2 015	0.01%	0.45%	-0.44%
存货	82 804	71 550	17.54%	15.89%	1.65%
其他流动资产	1 090	4 727	0.23%	1.05%	-0.82%
流动资产合计	220 559	188 975	46.71%	41.97%	4.74%
债权投资	25 487	25 487	5.40%	5.66%	-0.26%
投资性房地产	6 947	7 432	1.47%	1.65%	-0.18%
固定资产	168 111	175 906	35.60%	39.07%	-3.46%
在建工程	15 425	14 567	3.27%	3.24%	0.03%
公益性生物资产	2 213	2 213	0.47%	0.49%	-0.02%
无形资产	16 071	16 868	3.40%	3.75%	-0.34%
长期待摊费用	1 413	1 738	0.30%	0.39%	-0.09%
递延所得税资产	6 391	2 195	1.35%	0.49%	0.87%
其他非流动资产	9 549	14 870	2.02%	3.30%	-1.28%
非流动资产合计	251 607	261 276	53.29%	58.03%	-4.74%
资产总计	472 166	450 251	100.00%	100.00%	0.00%

续表

项　目	期末余额（1）	期初余额（2）	期末结构百分比(3)	期初结构百分比(4)	变动情况（5）
短期借款	123 767	119 100	26.21%	26.45%	−0.24%
应付账款	28 099	18 156	5.95%	4.03%	1.92%
预收账款	4 549	1 855	0.96%	0.41%	0.55%
应付职工薪酬	6 293	781	1.33%	0.17%	1.16%
应交税费	1 699	1 408	0.36%	0.31%	0.05%
其他应付款	6 019	5 443	1.27%	1.21%	0.07%
一年内到期的非流动负债	70 000	7 097	14.83%	1.58%	13.25%
流动负债合计	**240 426**	**160 240**	**50.92%**	**35.59%**	**15.33%**
长期借款	0	70 000	0.00%	15.55%	−15.55%
长期递延收益	−799	−1 193	−0.17%	−0.27%	0.10%
递延所得税负债	736	841	0.16%	0.19%	−0.03%
非流动负债合计	**−63**	**69 648**	**−0.01%**	**15.47%**	**−15.48%**
负债合计	**240 363**	**229 888**	**50.91%**	**51.06%**	**−0.15%**
实收资本（或股本）	178 334	178 334	37.77%	39.61%	−1.84%
其他综合收益	−335	1	−0.07%	0.00%	−0.07%
盈余公积	15 269	15 269	3.23%	3.39%	−0.16%
未分配利润	13 880	1 781	2.94%	0.40%	2.54%
归属于母公司股东权益合计	**207 148**	**19 538**	**43.87%**	**4.34%**	**39.53%**
少数股东权益	24 655	24 978	5.22%	5.55%	−0.33%
所有者权益合计	**231 803**	**220 363**	**49.09%**	**48.94%**	**0.15%**
负债和所有者权益总计	**472 166**	**450 251**	**100.00%**	**100.00%**	**0.00%**

要求：

对江苏阳光进行资产负债表纵向结构分析。

案例 2：

红宝丽 2019 年资产负债表纵向结构分析表如表 2-36 所示。

表 2-36　2019 年资产负债表红宝丽纵向结构分析表　　金额单位：万元

项　　目	期末余额(1)	期初余额(2)	期末结构百分比(3)	期初结构百分比(4)	变动情况(5)
货币资金	16 292	45 193	5.40%	18.14%	−12.74%
应收票据	35 002	18 616	11.59%	7.47%	4.12%
应收账款	28 672	30 392	9.50%	12.20%	−2.70%
预付款项	8 486	8 597	2.81%	3.45%	−0.64%
其他应收款	778	220	0.26%	0.09%	0.17%
存货	34 956	27 356	11.58%	10.98%	0.60%
其他流动资产	9 009	3 034	2.98%	1.22%	1.77%
流动资产合计	**133 195**	**133 408**	**4.12%**	**53.55%**	**−9.43%**
债权投资	8 724	8 024	2.89%	3.22%	−0.33%
固定资产	66 251	69 053	21.95%	27.72%	−5.77%
在建工程	68 442	19 504	22.67%	7.83%	14.84%
无形资产	24 219	18 396	8.02%	7.38%	0.64%
递延所得税资产	1 063	757	0.35%	0.30%	0.05%
非流动资产合计	**168 699**	**115 733**	**5.88%**	**46.45%**	**9.43%**
资产总计	**301 894**	**249 141**	**100.00%**	**100.00%**	**0.00%**
短期借款	40 365	31 000	13.37%	12.44%	0.93%
应付票据	32 251	28 904	10.68%	11.60%	−0.92%
应付账款	29 196	18 366	9.67%	7.37%	2.30%
预收款项	2 162	1 639	0.72%	0.66%	0.06%
应付职工薪酬	2 435	2 544	0.81%	1.02%	−0.21%
应交税费	556	798	0.18%	0.32%	−0.14%
应付利息	142	37	0.05%	0.01%	0.04%
其他应付款	3 307	4 748	1.10%	1.91%	−0.81%
一年内到期的非流动负债	1 930	0	0.64%	0.00%	0.64%
流动负债合计	**112 348**	**88 038**	**7.21%**	**35.34%**	**1.88%**
长期借款	17 318	0	5.74%	0.00%	5.74%
递延收益	4 559	2 890	1.51%	1.16%	0.35%
非流动负债合计	**21 879**	**2 890**	**7.25%**	**1.16%**	**6.09%**
负债合计	**134 221**	**90 929**	**4.46%**	**36.50%**	**7.96%**
股本	60 205	60 205	19.94%	24.17%	−4.22%

续表

项　目	期末余额(1)	期初余额(2)	期末结构百分比(3)	期初结构百分比(4)	变动情况(5)
资本公积	34 530	34 530	11.44%	13.86%	−2.42%
其他综合收益	−4	10	0.00%	0.00%	0.00%
盈余公积	7 807	7 050	2.59%	2.83%	−0.24%
未分配利润	52 874	54 357	7.51%	21.82%	−4.30%
所有者权益合计	**167 673**	**158 215**	**55.54%**	**63.50%**	**−7.96%**
负债和所有者权益总计	**301 894**	**249 141**	**100.00%**	**100.00%**	**0.00%**

要求：

对红宝丽进行资产负债表纵向结构分析。

案例 3：

法尔胜资产负债表纵向结构分析如表 2-37 所示。

表 2-37　法尔胜资产负债表纵向结构分析　　　　单位：万元

项　目	期末余额	期初余额	期末结构百分比	期初结构百分比	变动情况
货币资金	69 309	78 343	7.56%	8.91%	−1.35%
应收票据	22 023	24 984	2.40%	2.84%	−0.44%
应收账款	24 632	59 630	2.69%	6.78%	−4.09%
预付款项	18 637	5 831	2.03%	0.66%	1.37%
应收利息	15 572	7 901	1.70%	0.90%	0.80%
其他应收款	19 209	1 145	2.09%	0.13%	1.96%
存货	6 425	41 206	0.70%	4.69%	−3.99%
其他流动资产	619 626	477 142	67.58%	54.28%	13.30%
流动资产合计	**795 433**	**696 182**	**86.75%**	**79.20%**	**7.55%**
债权投资	63 321	34 467	6.91%	3.92%	2.99%
长期应收款	0	74 870	0.00%	8.52%	−8.52%
固定资产	18 903	28 785	2.06%	3.27%	−1.21%

续表

项　目	期末余额	期初余额	期末结构百分比	期初结构百分比	变动情况
在建工程	43	1 222	0.00%	0.14%	−0.14%
无形资产	4 376	8 265	0.48%	0.94%	−0.46%
商誉	33 000	33 000	3.60%	3.75%	−0.15%
长期待摊费用	18	42	0.00%	0.00%	0.00%
递延所得税资产	1 805	2 223	0.20%	0.25%	−0.05%
非流动资产合计	**121 466**	**182 874**	**13.25%**	**20.80%**	**−7.55%**
资产总计	**916 899**	**879 056**	**100.00%**	**100.00%**	**0.00%**
短期借款	450 160	459 500	49.10%	52.27%	−3.17%
应付票据	32 161	53 121	3.51%	6.04%	−2.53%
应付账款	19 400	24 395	2.12%	2.78%	−0.66%
预收款项	4 477	14 391	0.49%	1.64%	−1.15%
应付职工薪酬	1 009	1 053	0.11%	0.12%	−0.01%
应交税费	5 104	2 219	0.56%	0.25%	0.31%
应付利息	12 988	10 881	1.42%	1.24%	0.18%
其他应付款	31 290	97 949	3.41%	11.14%	−7.73%
一年内到期的非流动负债	49 250	1 296	5.37%	0.15%	5.22%
流动负债合计	**605 839**	**664 805**	**66.07%**	**75.63%**	**−9.56%**
长期借款	43 200	49 200	4.71%	5.60%	−0.89%
长期应付款	5 343	72 740	0.58%	8.27%	−7.69%
递延收益	0	550	0.00%	0.06%	−0.06%
递延所得税负债	2 050	806	0.22%	0.09%	0.13%
非流动负债合计	**50 593**	**123 296**	**5.52%**	**14.03%**	**−8.51%**
负债合计	**656 432**	**788 101**	**71.59%**	**89.65%**	**−18.06%**
股本	37 964	37 964	4.14%	4.32%	−0.18%
资本公积	1 377	1 377	0.15%	0.16%	−0.01%
其他综合收益	6 035	2 304	0.66%	0.26%	0.40%
盈余公积	8 356	8 083	0.91%	0.92%	−0.01%
未分配利润	40 804	30 564	4.45%	3.48%	0.97%
所有者权益合计	**94 536**	**90 955**	**10.31%**	**9.13%**	**1.18%**
负债和所有者权益总计	**916 899**	**879 056**	**100.00%**	**100.00%**	**0.00%**

要求：
对法尔胜进行资产负债表纵向结构分析。

案例 4：

雅克科技 2019 年资产负债表纵向结构分析表如表 2-38 所示。

表 2-38　雅克科技 2019 年资产负债表纵向结构分析表　　金额单位：万元

项　目	期末余额	期初余额	期末结构百分比	期初结构百分比	变动情况
货币资金	15 641	16 421	8.82%	8.92%	−0.10%
交易性金融资产	25	155	0.01%	0.08%	−0.07%
应收票据	1 937	3 534	1.09%	1.92%	−0.83%
应收账款	18 855	18 217	10.64%	9.90%	0.74%
预付款项	2 664	720	1.50%	0.39%	1.11%
应收利息	25	62	0.01%	0.03%	−0.02%
其他应收款	441	454	0.25%	0.25%	0.00%
存货	17 658	17 099	9.96%	9.29%	0.67%
其他流动资产	5 497	17 748	3.10%	9.65%	−6.55%
流动资产合计	**62 743**	**74 410**	**35.40%**	**40.44%**	**−5.04%**
债权投资	40 000	40 000	22.57%	21.74%	0.83%
固定资产	42 124	27 973	23.77%	15.20%	8.57%
在建工程	4 789	13 710	2.70%	7.45%	−4.75%
无形资产	6 808	6 753	3.84%	3.67%	0.17%
商誉	12 613	12 613	7.12%	6.85%	0.27%
长期待摊费用	24	—	0.01%	—	—
递延所得税资产	1 176	1 182	0.66%	0.64%	0.02%
其他非流动资产	6 969	7 357	3.93%	4.00%	−0.07%
非流动资产合计	**114 503**	**109 588**	**64.60%**	**59.56%**	**5.04%**
资产总计	**177 246**	**183 998**	**100.00%**	**100.00%**	**0.00%**
短期借款	900	5 572	0.51%	3.03%	−2.52%
交易性金融负债	—	131	—	0.07%	—

续表

项目	期末余额	期初余额	期末结构百分比	期初结构百分比	变动情况
应付票据	6 153	8 417	3.47%	4.57%	−1.10%
应付账款	6 524	8 283	3.68%	4.50%	−0.82%
预收账款	259	535	0.15%	0.29%	−0.14%
应付职工薪酬	998	718	0.56%	0.39%	0.17%
应交税费	968	1 623	0.55%	0.88%	−0.33%
应付利息	1	9	0.00%	0.00%	0.00%
其他应付款	3 287	4 097	1.85%	2.23%	−0.38%
流动负债合计	**19 090**	**29 385**	**10.77%**	**15.97%**	**−5.20%**
预计非流动负债	714	714	0.40%	0.39%	0.01%
长期递延收益	1 271	1 375	0.72%	0.75%	−0.03%
递延所得税负债	195	257	0.11%	0.14%	−0.03%
非流动负债合计	**2 180**	**2 346**	**1.23%**	**1.28%**	**−0.05%**
负债合计	**21 270**	**31 731**	**12.00%**	**17.25%**	**−5.25%**
实收资本(或股本)	34 383	34 383	19.40%	18.69%	0.71%
资本公积	70 392	70 392	39.71%	38.26%	1.45%
专项储备	560	623	0.32%	0.34%	−0.02%
盈余公积	6 780	6 476	3.83%	3.52%	0.31%
未分配利润	42 026	39 565	23.71%	21.50%	2.21%
归属于母公司股东权益合计	**154 141**	**151 439**	**86.96%**	**82.30%**	**4.66%**
少数股东权益	1 835	828	1.04%	0.45%	0.59%
所有者权益合计	**155 976**	**152 267**	**88.00%**	**82.75%**	**5.25%**
负债和所有者权益总计	**177 246**	**183 998**	**100.00%**	**100.00%**	**0.00%**

要求：

对雅克科技进行资产负债表纵向结构分析。

案例 5：
伊利股份资产负债表纵向结构分析表如表 2-39 所示。

表 2-39 伊利股份资产负债表纵向结构分析表　　金额单位：万元

项目	期末余额（1）	期初余额（2）	期末结构百分比（3）	期初结构百分比（4）	变动情况（5）=（3）-（4）
货币资金	2 182 307	1 382 365	44.27%	35.21%	9.06%
应收票据	16 360	11 436	0.33%	0.29%	0.04%
应收账款	78 614	57 214	1.59%	1.46%	0.13%
预付款项	119 243	55 839	2.42%	1.42%	1.00%
应收利息	18 845	3 514	0.38%	0.09%	0.29%
其他应收款	4 466	3 893	0.09%	0.10%	-0.01%
存货	463 999	432 578	9.41%	11.02%	-1.61%
其他流动资产	100 739.16	69 050	2.04%	1.76%	0.28%
流动资产合计	**2 984 573**	**2 019 270**	**60.54%**	**51.43%**	**9.11%**
债权投资	65 182	61 236	1.32%	1.56%	-0.24%
长期股权投资	176 519	163 110	3.58%	4.15%	-0.57%
固定资产	1 325 639	1 313 746	26.89%	33.46%	-6.57%
在建工程	188 786	134 360	3.83%	3.42%	0.41%
工程物资	1 421	5 190	0.03%	0.13%	-0.10%
无形资产	51 436	99 088	1.04%	2.52%	-1.48%
商誉	1 068	1 068	0.02%	0.03%	-0.01%
长期待摊费用	6 920	10 984	0.14%	0.37%	-0.23%
递延所得税资产	55 995	51 858	1.14%	1.32%	-0.19%
其他非流动资产	72 498	66 317	1.47%	1.69%	-0.22%
非流动资产合计	**1 945 464**	**1 906 957**	**39.46%**	**48.57%**	**-9.11%**
资产总计	**4 930 037**	**3 926 227**	**100.00%**	**100.00%**	**0.00%**
短期借款	786 000	15 000	15.94%	0.38%	15.56%
应付票据	21 528	33 762	0.44%	0.86%	-0.42%
应付账款	725 388	675 291	14.71%	17.20%	-2.49%
预收款项	412 557	359 167	8.37%	9.15%	-0.78%
应付职工薪酬	260 362	231 517	5.28%	5.90%	-0.62%
应交税费	40 409	49 023	0.82%	1.25%	-0.43%

续表

项　　目	期末余额（1）	期初余额（2）	期末结构百分比（3）	期初结构百分比（4）	变动情况（5）=（3）-（4）
应付利息	933	6	0.02%	0.00%	0.02%
应付股利	7 313	4 993	0.15%	0.13%	0.02%
其他应付款	126 901	115 515	2.57%	2.94%	-0.37%
一年内到期的非流动负债	2 419	0	0.05%	0.00%	0.05%
其他流动负债	1 193	6 470	0.02%	0.16%	-0.14%
流动负债合计	**2 385 003**	**1 490 745**	**48.38%**	**37.97%**	**10.41%**
长期借款	29	29	0.00%	0.00%	0.00%
长期应付款	6 404	0	0.13%	0.00%	0.13%
递延收益	14 619	111 864	0.30%	2.85%	-2.55%
非流动负债合计	**21 052**	**111 893**	**0.43%**	**2.85%**	**-2.42%**
负债合计	**2 406 054**	**1 602 639**	**48.80%**	**40.82%**	**7.99%**
股本	607 849	606 480	12.33%	15.45%	-3.12%
资本公积	276 553	247 636	5.61%	6.31%	-0.70%
减：库存股	20 169	0	0.41%	0.00%	0.41%
其他综合收益	-7 139	36 195	-0.14%	0.92%	-1.07%
盈余公积	242 265	188 590	4.91%	4.80%	0.11%
未分配利润	1 410 980	1 229 276	28.62%	31.31%	-2.69%
归属于母公司所有者权益合计	**2 510 339**	**2 308 177**	**50.92%**	**58.79%**	**-7.87%**
少数股东权益	13 643	15 412	0.28%	0.39%	-0.11%
所有者权益合计	**2 523 982**	**2 323 589**	**51.20%**	**59.18%**	**-7.99%**
负债和所有者权益总计	**4 930 037**	**3 926 227**	**100.00%**	**100.00%**	**0.00%**

要求：

对伊利股份进行资产负债表纵向结构分析。

4. 经营资产与非经营资产结构分析

案例1：

红宝丽经营资产与非经营资产结构分析表如表2-40所示。

表2-40 红宝丽经营资产与非经营资产结构分析表　　金额单位：万元

项　目	期末余额	期初余额	期末结构百分比	期初结构百分比	变动情况
货币资金	16 292	45 193	5.40%	18.14%	-12.74%
预付款项	8 486	8 597	2.81%	3.45%	-0.64%
存货	34 956	27 356	11.58%	10.98%	0.60%
固定资产	66 251	69 052	21.95%	27.72%	-5.77%
在建工程	68 442	19 504	22.67%	7.83%	14.84%
无形资产	24 219	18 396	8.02%	7.38%	0.64%
经营资产合计	218 646	188 098	72.42%	75.50%	-3.07%
应收票据	35 002	18 616	11.59%	7.47%	4.12%
应收账款	28 672	30 392	9.50%	12.20%	-2.70%
其他应收款	778	220	0.26%	0.09%	0.17%
其他流动资产	9 009	3 034	2.98%	1.22%	1.77%
债权投资	8 724	8 024	2.89%	3.22%	-0.33%
递延所得税资产	1 063	757	0.35%	0.30%	0.05%
非经营资产合计	83 248	61 043	27.58%	4.50%	3.07%
资产总计	301 894	249 141	100.00%	100.00%	0.00%

要求：

对红宝丽进行经营与非经营资产结构分析。

案例 2：

雅克科技经营资产与非经营资产结构分析表如表 2-41 所示。

表 2-41 雅克科技经营资产与非经营资产结构分析表　　金额单位：万元

项　目	期末余额	期初余额	期末结构百分比	期初结构百分比	变动情况
货币资金	15 641	16 421	8.82%	8.92%	−0.10%
预付款项	2 664	720	1.50%	0.39%	1.11%
存货	17 658	17 099	9.96%	9.29%	0.67%
固定资产	42 124	27 973	23.77%	15.20%	8.56%
在建工程	4 789	13 710	2.70%	7.45%	−4.75%
无形资产	6 808	6 753	3.84%	3.67%	0.17%
商誉	12 613	12 613	7.12%	6.85%	0.26%
经营资产合计	102 297	95 288	57.71%	51.79%	5.93%
交易性金融资产	25	155	0.01%	0.08%	−0.07%
长期待摊费用	24	—	0.01%	—	0.01%
应收票据	1 937	3 534	1.09%	1.92%	−0.83%
应收账款	18 855	18 217	10.64%	9.90%	0.74%
应收利息	25	62	0.01%	0.03%	−0.02%
其他应收款	441	454	0.25%	0.25%	0.00%
其他流动资产	5 497	17 748	3.10%	9.65%	−6.54%
债权投资	40 000	40 000	22.57%	21.74%	0.83%
递延所得税资产	1 176	1 182	0.66%	0.64%	0.02%
其他非流动资产	6 969	7 357	3.93%	4.00%	−0.07%
非经营资产合计	74 949	88 709	42.29%	48.21%	−5.92%
资产合计	177 246	183 998	100.00%	100.00%	0.00%

要求：

对雅克科技进行经营与非经营资产结构分析。

5. 固定资产与流动资产比例分析

案例 1：

法尔胜固定资产与流动资产比例分析如表 2-42 所示。

表 2-42　法尔胜固定资产与流动资产比例分析　　　金额单位：万元

项目	金额 期末	金额 期初	结构 期末比重	结构 期初比重	结构 变动情况
固定资产	18 903	28 785	2.06%	3.27%	−1.21%
流动资产	795 433	696 182	86.75%	79.20%	7.56%
资产总计	916 899	879 056	—	—	—
固流比例	1∶42	1∶24	—	—	—

要求：

对法尔胜进行固流比例分析。

案例 2：

江苏阳光固定资产与流动资产比例分析表如表 2-43 所示。

表 2-43　江苏阳光固定资产与流动资产比例分析表　　　金额单位：万元

项目	金额 期末	金额 期初	结构 期末比重	结构 期初比重	结构 变动情况
固定资产	168 111	175 906	35.60%	39.07%	−3.46%
流动资产	220 559	188 975	46.71%	41.97%	4.74%
资产总计	472 166	450 251	—	—	—
固流比例	16∶21	27∶29	—	—	—

要求：

对江苏阳光进行固流比例分析。

6. 流动资产内部结构分析

案例 1：

江苏阳光流动资产内部结构分析表如表 2-44 所示。

表 2-44 江苏阳光流动资产内部结构分析表　　金额单位：万元

项　目	金　额 期　末	金　额 期　初	结　构 期末比重	结　构 期初比重	结　构 变动情况
货币资金	95 489	66 568	43.29%	35.23%	8.07%
债权资产	25 487	25 487	11.56%	13.49%	−1.93%
存货资产	82 804	71 550	37.54%	37.86%	−0.32%
其他流动资产	1 090	4 727	0.49%	2.50%	−2.01%
流动资产合计	220 559	188 975	100.00%	100.00%	0.00%

要求：

对江苏阳光进行流动资产内部结构分析。

案例 2：

海澜之家股份有限公司（以下简称"海澜之家"）是一家大型服装企业，业务涵盖品牌服装的经营以及高档精纺呢绒、高档西服、职业服的生产和销售。其中，品牌服装的经营包括品牌管理、供应链管理和营销网络管理等业务。公司原为我国精纺呢绒面料的龙头企业，其精纺呢绒面料的产能和质量在国内均名列前茅，在国内市场具有较高知名度。近年来公司贯彻"立足面料，做大服装"的产业拓展思路，对其产业链进行了扩充以及进行了转型：其业务重点已逐步转移到附加值比较高的服装生产及销售上，服装产品的销售收入已占全年主营业务收入的 70% 以上。

海澜之家流动资产内部结构分析表如表 2-45 所示。

表 2-45 海澜之家流动资产内部结构分析表　　金额单位：万元

项　目	金　额 期　末	金　额 期　初	结　构 期末比重	结　构 期初比重	结　构 变动情况
货币资金	885 842	794 553	27.74%	26.80%	0.94%
债权资产	1 440 673	1 209 753	45.11%	40.80%	4.31%
存货资产	863 213	957 973	27.03%	32.30%	−5.27%
其他流动资产	3 376	2 899	0.10%	0.98%	−0.88%
流动资产合计	3 193 104	2 965 178	100.00%	100.00%	0.00%

要求：

对海澜之家进行流动资产内部结构分析。

案例 3：

红宝丽流动资产内部结构分析表如表 2-46 所示。

表 2-46　红宝丽股份流动资产内部结构分析表　　　金额单位：万元

项目	金额 期末	金额 期初	结构 期末比重	结构 期初比重	变动情况
货币资金	16 292	45 193	12.23%	33.87%	−21.64%
债权资产	72 938	57 825	54.76%	43.35%	11.41%
存货资产	34 956	27 356	26.24%	20.51%	5.73%
其他流动资产	9 009	3 034	6.76%	2.27%	4.49%
流动资产合计	133 195	133 408	100.00%	100.00%	0.00%

要求：

对红宝丽进行流动资产内部结构分析。

案例 4：

伊利股份流动资产内部结构分析表如表 2-47 所示。

表 2-47　伊利股份流动资产内部结构分析表　　　金额单位：万元

项目	金额 期末	金额 期初	结构 期末比重	结构 期初比重	变动情况
货币资金	2 182 307	1 382 365	73.12%	68.46%	4.66%
债权资产	237 528	131 896	7.96%	6.53%	1.43%
存货资产	463 999	432 578	15.55%	21.42%	−5.87%
一年内到期的非流动资产	0	3 381	0.00%	0.17%	−0.17%
其他流动资产	100 739	69 050	3.38%	3.42%	−0.04%
流动资产合计	2 984 573	2 019 270	100%	100%	—

要求：
对伊利股份进行流动资产内部结构分析。

7. 资产弹性分析

案例 1：

江苏阳光资产弹性分析表如表 2-48 所示。

表 2-48　江苏阳光资产弹性分析表　　　　金额单位：万元

项　目	期　末　余　额	期　初　余　额
货币资金	95 489	66 568
应收票据	7 092	12 134
金融资产合计	**102 581**	**78 702**
资产总计	**472 166**	**450 251**
资产弹性	0.22	0.17

要求：
对江苏阳光进行资产弹性分析。

案例 2：

海澜之家资产弹性分析表如表 2-49 所示。

表 2-49　海澜之家资产弹性分析表　　　　金额单位：万元

项　目	期　初	期　末
货币资金	794 553	885 842
应收票据	2 405	1 473
金融资产合计	**796 958**	**887 315**
总资产	2 344 174	2 437 679
弹性资产	0.34	0.36

要求：
对海澜之家进行资产弹性分析。

案例 3：
红宝丽资产弹性分析表如表 2-50 所示。

表 2-50　红宝丽资产弹性分析表　　　　　　金额单位：万元

项　目	期　末　余　额	期　初　余　额
货币资金	16 292	45 193
应收票据	35 002	18 617
金融资产合计	30 934	16 581
资产合计	301 894	249 141
资产弹性	0.10	0.07

要求：
对红宝丽进行资产弹性分析。

8. 负债方式结构分析

案例 1：
江苏阳光负债方式结构分析表如表 2-51 所示。

表 2-51　江苏阳光负债方式结构分析表

项　目	金额/万元		结　构		
	期末余额	期初余额	期末结构百分比	期初结构百分比	变动情况
银行信用	193 767	196 197	80.61%	85.34%	-4.73%
商业信用	38 668	25 455	16.09%	11.07%	5.02%
应交款项	2 435	2 250	1.01%	0.98%	0.03%

续表

项 目	金额/万元 期末余额	金额/万元 期初余额	结构 期末结构百分比	结构 期初结构百分比	变动情况
内部结算款项	6 293	781	2.62%	0.34%	2.28%
其他负债	−746	5 205	−0.31%	2.26%	−2.57%
负债合计	240 363	229 888	100.00%	100.00%	0.00%

要求：

对江苏阳光负债方式结构进行分析。

案例 2：

红宝丽负债方式结构分析表如表 2-52 所示。

表 2-52 红宝丽负债方式结构分析表　　　　　金额单位：万元

项 目	金额 期末余额	金额 期初余额	结构 期末结构百分比	结构 期初结构百分比	变动情况
银行信用	59 614	31 000	44.41%	34.09%	10.32%
商业信用	67 060	53 696	49.96%	59.05%	−9.09%
应交款项	5 115	3 688	3.81%	4.06%	−0.25%
内部结算款项	2 435	2 544	1.81%	2.80%	−0.99%
负债合计	134 221	90 926	100.00%	100.00%	0.00%

要求：

对红宝丽负债方式结构进行分析。

案例 3：

雅克科技负债方式结构分析表如表 2-53 所示。

表 2-53　雅克科技公司负债方式结构分析表　　　金额单位：万元

项目	金额 期末余额	金额 期初余额	结构 期末结构百分比	结构 期初结构百分比	变动情况
银行信用	900	5 572	4.23%	17.56%	−13.33%
商业信用	16 223	21 332	76.27%	67.23%	9.04%
应交款项	1 163	1 880	5.47%	5.92%	−0.45%
内部结算款项	998	718	4.69%	2.26%	2.43%
负债合计	21 270	31 731	100.00%	100.00%	0.00%

要求：

对雅克科技公司负债方式结构进行分析。

9. 负债成本结构分析

案例 1：

江苏阳光负债成本结构分析表如表 2-54 所示。

表 2-54　江苏阳光负债成本结构分析表　　　金额单位：万元

项目	金额 期末余额	金额 期初余额	结构 期末结构百分比	结构 期初结构百分比	变动情况
无成本负债	38 668	25 455	16.09%	11.07%	5.02%
低成本负债	123 767	119 100	51.49%	51.81%	−0.32%
高成本负债	70 000	77 097	29.12%	33.54%	−4.42%
负债合计	240 363	229 888	100.00%	100.00%	0.00%

要求：
对江苏阳光纺织公司负债成本结构进行分析。

案例 2：
法尔胜负债成本结构分析表如表 2-55 所示。

表 2-55　法尔胜负债成本结构分析表　　　　金额单位：万元

项目	金额 期末余额	金额 期初余额	结构 期末结构百分比	结构 期初结构百分比	变动情况
无成本负债	326 312	205 368	49.71%	26.06%	23.65%
低成本负债	450 160	459 500	68.58%	58.30%	10.28%
高成本负债	97 794	123 237	14.90%	15.64%	−0.74%
负债合计	656 432	788 101	100.00%	100.00%	0.00%

要求：对法尔胜负债成本结构进行分析。

案例 3：
雅克科技负债成本结构分析表如表 2-56 所示。

表 2-56　雅克科技负债成本结构分析表　　　　金额单位：万元

项目	金额 期末余额	金额 期初余额	结构 期末结构百分比	结构 期初结构百分比	变动情况
无成本负债	18 385	24 071	86.44%	75.86%	10.58%
低成本负债	900	5 572	4.23%	17.56%	−13.33%
高成本负债	1 985	2 089	9.33%	6.58%	2.75%
负债合计	21 270	31 731	100.00%	100.00%	0.00%

要求：

对雅克科技负债成本结构进行分析。

案例 4：

红宝丽负债成本结构分析表如表 2-57 所示。

表 2-57　红宝丽股份负债成本结构分析表　　　金额单位：万元

项目	金额 期末余额	金额 期初余额	结构 期末结构百分比	结构 期初结构百分比	变动情况
无成本负债	74 613	59 929	55.59%	65.91%	−10.32%
低成本负债	40 365	31 000	30.07%	34.09%	−4.02%
高成本负债	19 246	0	14.34%	0.00%	14.34%
负债	134 221	90 926	100.00%	100.00%	0.00%

要求：

对红宝丽负债成本结构进行分析。

10. 所有者权益结构变化情况分析

案例 1：

江苏阳光所有者权益结构变化情况分析表如表 2-58 所示。

表 2-58　江苏阳光所有者权益结构变化情况分析表　　　金额单位：万元

项目	金额 期末	金额 期初	结构 期末比重	结构 期初比重	变动情况
股本	178 334	178 334	86.09%	91.27%	−5.18%
投入资本合计	**178 334**	**178 334**	**86.09%**	**91.27%**	**−5.18%**
其他综合收益	−335	1	−0.16%	0.00%	−0.16%
盈余公积	15 269	15 269	7.37%	7.81%	−0.44%

续表

项 目	金额 期末	金额 期初	期末比重	期初比重	变动情况
未分配利润	13 880	1 781	6.70%	0.91%	5.79%
内部形成权益资金合计	28 814	17 051	13.91%	8.73%	5.18%
归属于母公司所有者权益合计	207 148	195 385	100.00%	100.00%	0.00%

要求：

对江苏阳光纺织公司所有者权益结构进行分析。

案例 2：

红宝丽所有者权益结构变化情况分析表如表 2-59 所示。

表 2-59　红宝丽所有者权益结构变化情况分析表　　金额单位：万元

项 目	金额 期末	金额 期初	期末比重	起初比重	变动情况
股本	60 205	60 205	38.74%	38.56%	0.18%
资本公积	34 530	34 530	22.22%	22.11%	0.11%
投入资本合计	94 735	94 735	60.96%	60.67%	0.29%
其他综合收益	−4	10	0.00%	0.01%	−0.01%
盈余公积	7 807	7 050	5.02%	4.51%	0.51%
未分配利润	52 874	54 357	34.02%	34.81%	−0.79%
内部形成权益资金合计	60 677	61 417	39.04%	39.33%	−0.29%
归属于母公司所有者权益合计	155 412	156 152	100.00%	100.00%	0.00%

要求：

对红宝丽所有者权益结构进行分析。

案例 3：

苏宁易购集团股份有限公司（以下简称"苏宁易购"）是中国领先的 O2O（Online To Offline，线上到线下）智慧零售商，坚持线上线下业务同步发展，不断升级线下各种业态，实现线上线下融合运营，形成了苏宁智慧零售模式，并逐步将线上线下多渠道、多业态统一为全场景互联网零售"苏宁易购"，总部位于南京，现已覆盖传统家电、日用百货等品类。

苏宁易购所有者权益结构变动情况分析表如表 2-60 所示。

表 2-60　苏宁易购所有者权益结构变动情况分析表　　金额单位：万元

	期末	期初	期末比重	期初比重	变动情况
实收资本	931 004	738 304	13.31%	23.13%	−9.82%
资本公积	3 583 535	523 774	51.25%	16.41%	34.84%
投入资本合计	**4 514 539**	**1 262 078**	**64.57%**	**39.53%**	**25.04%**
盈余公积	128 692	116 073	1.84%	3.64%	−1.80%
未分配利润	128 692	116 073	1.84%	3.64%	−1.80%
内部形成权益资金合计	**257 384**	**232 146**	**3.68%**	**7.27%**	**−3.59%**
少数股东权益	2 220 274	1 698 281	31.75%	53.20%	−21.45%
股东权益合计	**6 992 198**	**3 192 507**	**100.00%**	**100.00%**	**0.00%**

要求：

对苏宁易购所有者权益结构进行分析。

11. 资产结构与资本结构适应程度分析

案例 1：

江苏阳光资产结构与资本结构适应程度分析表如表 2-61 所示。

表 2-61　江苏阳光资产结构与资本结构适应程度分析表

项目	比例	项目	比例
流动资产	46.71%	流动负债	50.92%
		非流动负债	−0.01%
非流动资产	53.29%	所有者权益	49.09%
合计	100.00%	合计	100.00%

要求：
对江苏阳光资产结构与资本结构适应程度进行分析。

案例 2：
红宝丽资产结构与资本结构适应程度分析表如表 2-62 所示。

表 2-62　红宝丽资产结构与资本结构适应程度分析表

项　目	比　例	项　目	比　例
流动资产	45.43%	流动负债	38.32%
		非流动负债	7.46%
非流动资产	54.57%	所有者权益	54.22%
合　计	100%	合　计	100%

要求：
对红宝丽资产结构与资本结构适应程度进行分析。

案例 3：
法尔胜资产结构与资本结构适应程度分析表如表 2-63 所示。

表 2-63　法尔胜资产结构与资本结构适应程度分析表

项　目	比　例	项　目	比　例
流动资产	87.46%	流动负债	85.02%
		非流动负债	5.22%
非流动资产	12.54%	所有者权益	9.76%
合　计	100.00%	合　计	100.00%

要求：
对法尔胜资产结构与资本结构适应程度进行分析。

案例 4：
蓝天公司资产结构与资本结构适应程度分析表如表 2-64 所示。

表 2-64　蓝天公司资产结构与资本结构适应程度分析表

项　目	比　例	项　目	比　例
流动资产	30%	流动负债	40%
		非流动负债	10%
非流动资产	70%	所有者权益	50%
合　计	100%	合　计	100%

要求：
对蓝天公司资产结构与资本结构适应程度进行分析。

项目三 利润表分析

一、简答题

1. 简述在分析营业收入时需要注意的问题。

2. 简述对营业成本进行质量分析时应当注意的问题。

3. 简述财务费用质量分析的内容。

4. 简述用资产负债表债务法核算递延所得税的具体程序。

5. 简述每股收益的内容。

6. 简述在进行利润趋势分析时应注意的问题。

二、计算分析题

甲公司 2019 年和 2020 年营业利润的有关数据如表 3-1 所示。

表 3-1　甲公司有关营业利润数据　　　　单位：元

项　　目	2019 年	2020 年
一、主营业务收入	565 324	609 348
减：主营业务成本	482 022	508 168
税金及附加	1 256	2 004
二、主营业务利润	82 046	99 176
加：其他业务利润	2 648	3 512
减：资产减值损失	0	988
销售费用	134	204
管理费用	6 684	5 621
财务费用	3 056	2 849
三、营业利润	74 820	93 026

要求：
试对该公司营业利润的变动状况进行具体的分析。

三、综合分析题

1. 祥云科技股份公司2018—2020年的比较利润表(部分项目)如表3-2所示。

表 3-2 祥云科技股份公司比较利润表　　　　　　单位：万元

项　　目	2018年	2019年	2020年
一、营业收入	2 306	3 012	3 750
减：营业成本	1 976	2 522	3 168
税金及附加	2	6	8
销售费用	222	332	376
管理费用	804	68	118
财务费用	4	22	30
研发费用	2.6	3.8	17
加：投资收益	−32	−10	16
其他收益	0.8	0.5	0.6
二、营业利润	−730.6	56.3	83.6
加：营业外收入	1.5	8	3
减：营业外支出	1.4	0.7	0.6
三、利润总额	−730.5	63.6	86
减：所得税	2.8	1.6	3.5
少数股东权益	−1	1.4	16
四、净利润	−732.3	60.6	66.5

注：2018年度管理费用中含保险费709万元。

要求：

对祥云科技股份公司的利润进行比较分析。

2. 某国内上市公司2018—2020年度的比较利润表(部分项目)如表3-3所示。

表3-3 某公司内部使用比较利润表　　　　金额单位：万元

项　　目	2018年	2019年	2020年
一、营业收入	2 200	3 055	2 740
减：营业成本	1 850	2 500	2 100
二、主营业务利润	340	500	636
加：投资收益	−20	−10	16
其他收益	10	5	6
三、营业利润	−100	66	67
加：营业外收入	2	8	3
减：营业外支出	1	1	0.5
四、利润总额	−109	68	91.5
五、净利润	−107	60	66

要求：

以每年的利润总额作为总体指标，编制利润总额构成表，填入表3-4中，并作简要分析。

表3-4 某公司利润总额构成表

项　　目	2018年	2019年	2020年
营业利润			
投资收益			
补贴收入			
营业外收支净额			
利润总额			

3. 金鑫公司 2019 年和 2020 年的部分利润表项目数据如表 3-5 所示。

表 3-5 金鑫公司部分利润项目　　　　　　　　　　单位：万元

项　　目	2018 年	2019 年
一、主营业务收入	40 938	48 201
减：主营业务成本	26 801	32 187
税金及附加	164	267
二、主营业务利润	13 973	15 747
加：其他业务利润	310	57
减：资产减值损失	0	51
销售费用	1 380	1 537
管理费用	2 867	4 279
财务费用	1 615	1 855
加：投资收益	990	1 250
其他收益	350	1
三、营业利润	8 421	8 082
加：营业外收入	344	364
减：营业外支出	59	33
四、利润总额	10 046	9 664
减：所得税	3 315	3 255
五、净利润	6 731	3 409

金鑫公司董事长认为，2020 年销售收入上升而利润下降不是正常情况，同时管理费用大幅增加也不正常。

要求：

(1) 编制结构百分比利润表，如表 3-6 所示，计算结果保留至小数点后两位。

(2) 简要评述两年的各项变动，并分析原因。

表 3-6 金鑫公司结构百分比利润表

项　　目	2019 年	2020 年
一、主营业务收入		
减：主营业务成本		
税金及附加		
二、主营业务利润		
加：其他业务利润		

续表

项　　目	2019 年	2020 年
减：资产减值损失		
营业费用		
管理费用		
财务费用		
加：投资收益		
其他收益		
三、营业利润		
加：营业外收入		
减：营业外支出		
四、利润总额		
减：所得税		
五、净利润		

四、案例实战

（一）利润表质量分析

案例 1：

江苏阳光 2019 年利润表如表 3-7 所示。

表 3-7　江苏阳光 2019 年利润表　　　　　单位：万元

项　　目	本 期 金 额	上 期 金 额
一、营业收入	215 084	209 217
减：营业成本	166 411	155 879
税金及附加	2 449	3 001
销售费用	1 855	2 233
管理费用	19 559	18 810

续表

项　　目	本　期　金　额	上　期　金　额
财务费用	14 082	10 350
资产减值损失	−553	561
加：投资收益	102	2 192
资产处置收益	−3	−2
其他收益	632	0
二、营业利润	12 012	20 573
加：营业外收入	642	1 345
减：营业外支出	756	179
三、利润总额	11 898	21 739
减：所得税费用	−1 698	3 871
四、净利润	13 596	17 868

要求：

对江苏阳光利润表进行总体质量分析。

案例2：

金螳螂2019年利润表如表3-8所示。

表3-8　金螳螂2019年利润表　　　　　　　　　　　　单位：万元

项　　目	本　期　金　额	上　期　金　额
一、营业收入	2 099 641	1 960 066
减：营业成本	1 746 234	1 633 953
税金及附加	8 296	21 606
销售费用	50 786	31 032
管理费用	68 847	47 548
财务费用	12 824	6 495
资产减值损失	−3 584	38 821
加：投资收益	17 277	18 676

续表

项　目	本　期　金　额	上　期　金　额
二、营业利润	233 515	199 287
加：营业外收入	11	487
减：营业外支出	30	46
三、利润总额	233 496	199 728
减：所得税费用	40 831	30 170
四、净利润	192 665	169 558

要求：

对金螳螂利润表进行总体质量分析。

案例 3：

2019 年伊利股份利润表如表 3-9 所示。

表 3-9　2019 年伊利股份利润表　　　　　　单位：万元

项　目	本　期　金　额	上　期　金　额
一、营业收入	6 805 817	6 060 922
减：营业成本	4 156 235	3 742 371
税金及附加	51 157	42 007
销售费用	1 552 186	1 411 432
管理费用	331 705	345 667
财务费用	11 349	2 388
资产减值损失	5 062	4 570
加：投资收益	13 468	39 926
二、营业利润	711 591	552 413
加：营业外收入	8 560	116 319
减：营业外支出	12 754	5 525
三、利润总额	707 397	663 207
减：所得税费用	107 116	96 304
四、净利润	600 281	566 903

要求：

对伊利股份利润表进行总体质量分析。

（二）利润表趋势分析

案例 1：

（1）江苏阳光比较利润表如表 3-10 所示。

表 3-10　江苏阳光比较利润表　　　　　　　　　单位：万元

项　　目	2015 年	2016 年	2017 年	2018 年	2019 年
一、营业收入	234 200	226 520	204 955	209 217	215 084
减：营业成本	189 345	180 873	159 292	155 879	166 411
税金及附加	2 388	2 129	1 677	3 001	2 449
销售费用	1 966	1 861	2 101	2 233	1 855
管理费用	18 071	19 183	20 104	18 810	19 559
财务费用	10 877	11 578	10 978	10 350	14 082
资产减值损失	−2 256	734	−776	56	−553
加：投资收益	45	178	2 902	2 192	102
二、营业利润	13 854	10 340	14 481	20 573	12 012
加：营业外收入	618	921	2 222	1 345	642
减：营业外支出	1 631	156	1 243	179	756
三、利润总额	12 841	11 105	15 460	21 739	11 898
减：所得税费用	189	1 963	2 789	3 871	−1 698
四、净利润	12 652	9 142	12 671	17 868	13 596

要求：

对江苏阳光纺织公司进行利润表比较趋势分析。

(2) 江苏阳光利润表定比趋势分析表如表 3-11 所示。

表 3-11 江苏阳光利润表定比趋势分析表

项　　目	2015 年	2016 年	2017 年	2018 年	2019 年
一、营业收入	100.00%	96.72%	87.51%	89.33%	91.84%
减：营业成本	100.00%	95.53%	84.13%	82.32%	87.89%
税金及附加	100.00%	89.16%	70.25%	125.67%	102.57%
销售费用	100.00%	94.64%	106.84%	113.54%	94.32%
管理费用	100.00%	106.15%	111.25%	104.09%	108.23%
财务费用	100.00%	106.44%	100.92%	95.15%	129.46%
资产减值损失	100.00%	-32.54%	34.39%	-24.87%	24.53%
加：投资收益	100.00%	393.62%	6 388.07%	4 825.40%	225.45%
二、营业利润	100.00%	74.64%	104.52%	148.50%	86.70%
加：营业外收入	100.00%	149.12%	359.49%	217.66%	103.92%
减：营业外支出	100.00%	9.62%	76.26%	11.02%	46.39%
三、利润总额	100.00%	86.48%	120.39%	169.29%	92.65%
减：所得税费用	100.00%	1 037.78%	1 474.42%	2 045.87%	-897.80%
四、净利润	100.00%	72.25%	100.14%	141.23%	107.46%

要求：

对江苏阳光进行利润表定比趋势分析。

(3) 江苏阳光利润表环比趋势分析表如表 3-12 所示。

表 3-12 江苏阳光利润表环比趋势分析表

项　　目	2016 年	2017 年	2018 年	2019 年	平均发展速度
一、营业收入	96.72%	90.48%	102.08%	102.80%	-1.58%
减：营业成本	95.53%	88.07%	97.86%	106.76%	-2.95%
税金及附加	89.16%	78.80%	178.88%	81.62%	5.69%
销售费用	94.64%	112.89%	106.27%	83.07%	-0.63%
管理费用	106.15%	104.80%	93.56%	103.98%	1.70%

续表

项　目	2016 年	2017 年	2018 年	2019 年	平均发展速度
财务费用	106.44%	94.82%	94.28%	136.06%	6.32%
资产减值损失	−32.54%	−105.67%	−72.32%	−98.62%	−141.83%
加：投资收益	393.62%	1 622.89%	75.54%	4.67%	339.34%
二、营业利润	74.64%	140.04%	142.07%	58.39%	3.03%
加：营业外收入	149.12%	241.08%	60.55%	47.74%	19.70%
减：营业外支出	9.62%	792.36%	14.46%	420.86%	167.46%
三、利润总额	86.48%	139.21%	140.62%	54.73%	4.21%
减：所得税费用	1 037.78%	142.07%	138.76%	−43.88%	174.95%
四、净利润	72.25%	138.60%	141.03%	76.09%	5.59%

要求：
对江苏阳光纺织公司进行利润表环比趋势分析。

案例 2：
(1) 法尔胜比较利润表如表 3-13 所示。

表 3-13　法尔胜比较利润表　　　　　　　　　　　单位：万元

项　目	2015 年	2016 年	2017 年	2018 年	2019 年
一、营业收入	156 644	155 209	142 654	190 673	200 429
减：营业成本	130 860	133 558	123 442	161 492	163 866
税金及附加	816	887	690	2 382	1 327
销售费用	4 362	4 672	4 522	3 364	1 559
管理费用	9 064	9 017	9 008	11 958	12 543
财务费用	9 662	8 282	5 736	4 452	10 320
资产减值损失	263	−337	1 665	2 860	1 716
加：投资收益	1 203	2 671	3 297	11 216	8 139
二、营业利润	2 820	1 801	888	15 381	17 237

续表

项　　目	2015年	2016年	2017年	2018年	2019年
加：营业外收入	339	261	708	474	142
减：营业外支出	337	93	52	397	7
三、利润总额	2 822	1 969	1 545	15 458	17 372
减：所得税费用	185	830	289	15	2 478
四、净利润	2 637	1 139	1 255	15 443	14 894

要求：

对法尔胜进行利润表比较趋势分析。

（2）法尔胜利润表定比趋势分析表如表3-14所示。

表3-14　法尔胜利润表定比趋势分析表

项　　目	2015年	2016年	2017年	2018年	2019年
一、营业收入	100%	99.08%	91.07%	121.72%	127.95%
减：营业成本	100%	102.06%	92.43%	123.41%	125.22%
税金及附加	100%	108.70%	84.55%	291.85%	162.63%
销售费用	100%	107.10%	103.67%	77.12%	35.75%
管理费用	100%	99.47%	99.38%	131.92%	138.37%
财务费用	100%	85.72%	59.37%	46.08%	106.82%
资产减值损失	100%	−128.33%	632.97%	1 086.67%	652.30%
加：投资收益	100%	221.99%	274.05%	932.19%	676.41%
二、营业利润	100%	63.88%	31.49%	545.32%	611.13%
加：营业外收入	100%	76.99%	208.80%	139.62%	41.88%
减：营业外支出	100%	27.77%	15.44%	117.81%	2.10%
三、利润总额	100%	69.77%	54.73%	547.60%	615.42%
减：所得税费用	100%	70.07%	24.46%	1.28%	209.17%
四、净利润	100%	43.19%	47.59%	585.63%	564.81%

要求：

对法尔胜进行利润表定比趋势分析。

(3) 法尔胜利润表环比趋势分析表如表 3-15 所示。

表 3-15　法尔胜利润表环比趋势分析表

项　　目	2016 年	2017 年	2018 年	2019 年	平均发展速度
一、营业收入	99.08%	91.91%	133.66%	105.12%	5.95%
减：营业成本	102.06%	92.43%	130.82%	101.47%	6.70%
税金及附加	108.70%	77.78%	345.19%	55.72%	37.48%
销售费用	107.10%	96.80%	74.39%	46.36%	−15.07%
管理费用	99.47%	99.91%	132.74%	104.89%	7.40%
财务费用	85.72%	69.25%	77.61%	231.83%	12.88%
资产减值损失	−128.33%	−493.25%	171.68%	60.03%	−157.97%
加：投资收益	221.99%	123.45%	340.16%	72.56%	71.63%
二、营业利润	63.88%	49.29%	1 731.86%	112.07%	311.42%
加：营业外收入	76.98%	271.25%	66.87%	29.99%	9.02%
减：营业外支出	27.78%	55.60%	762.78%	1.79%	89.59%
三、利润总额	69.77%	78.45%	1 000.51%	112.38%	172.22%
减：所得税费用	70.07%	34.91%	5.22%	16 383.39%	3 218.72%
四、净利润	43.19%	110.18%	1 230.52%	96.45%	270.09%

要求：

对法尔胜进行利润表环比趋势分析。

案例 3：

(1) 雅克科技比较利润表趋势分析表如表 3-16 所示。

表 3-16 雅克科技比较利润表趋势分析表　　　　　　　　单位：万元

项　　目	2019 年	2018 年	2017 年	2016 年	2015 年
一、营业收入	113 292	89 448	100 573	132 307	130 942
减：营业成本	88 818	68 642	76 729	108 042	107 347
税金及附加	824	430	239	568	469
销售费用	5 745	4 056	3 938	4 189	3 452
管理费用	13 068	11 912	12 258	13 519	11 128
财务费用	1 221	-1 586	-632	1 175	214
资产减值损失	76	139	-186	-32	378
加：公允价值变动收益	1	306	-427	145	—
投资收益	-61	1 352	3 628	2 720	1 346
二、营业利润	3 480	7 513	11 428	7 711	9 300
加：营业外收入	432	304	277	150	352
减：营业外支出	97	136	708	331	124
三、利润总额	3 815	7 681	10 997	7 530	9 528
减：所得税费用	388	897	1 969	1 503	1 659
四、净利润	3 427	6 784	9 027	6 027	7 869

要求：

对雅克科技进行利润表比较趋势分析。

(2) 雅克科技利润表定比趋势分析表如表 3-17 所示。

表 3-17 雅克科技利润表定比趋势分析表

项　　目	2015 年	2016 年	2017 年	2018 年	2019 年
一、营业收入	100%	101%	77%	68%	87%
减：营业成本	100%	77%	86%	122%	121%
税金及附加	100%	121%	51%	92%	176%
销售费用	100%	121%	114%	117%	166%

续表

项　目	2015年	2016年	2017年	2018年	2019年
管理费用	100%	121%	110%	107%	117%
财务费用	100%	549%	－295%	－741%	571%
资产减值损失	100%	－8%	－49%	37%	20%
加：投资收益	100%	202%	270%	100%	－5%
二、营业利润	100%	83%	123%	81%	37%
加：营业外收入	100%	43%	79%	86%	123%
减：营业外支出	100%	267%	571%	110%	78%
三、利润总额	100%	79%	115%	81%	40%
减：所得税费用	100%	91%	119%	54%	23%
四、净利润	100%	77%	115%	86%	44%

要求：

对雅克科技进行利润表定比趋势分析。

(3) 雅克科技利润表环比趋势分析表如表3-18所示。

表3-18　雅克科技利润表环比趋势分析表

项　目	2016年	2017年	2018年	2019年	平均发展速度
一、营业收入	101.04%	76.01%	88.94%	126.66%	－1.84%
减：营业成本	77.28%	111.78%	104.08%	99.36%	7.31%
税金及附加	121.11%	42.08%	179.92%	191.63%	33.68%
销售费用	121.35%	94.01%	103.00%	141.64%	15.00%
管理费用	121.49%	90.67%	97.18%	109.70%	4.76%
财务费用	549.07%	－53.79%	250.95%	－76.99%	67.31%
资产减值损失	－8.47%	581.25%	－74.73%	54.68%	38.18%
加：投资收益	202.08%	133.38%	37.27%	－4.51%	－7.95%

续表

项　目	2016年	2017年	2018年	2019年	平均发展速度
二、营业利润	82.91%	148.20%	65.74%	46.32%	−14.21%
加：营业外收入	42.61%	184.67%	109.75%	142.11%	19.78%
减：营业外支出	266.94%	213.90%	19.21%	71.32%	42.84%
非流动资产处置损失	145.12%	5.88%	257.14%	0.00%	2.04%
三、利润总额	79.05%	146.02%	69.86%	49.65%	−13.86%
减：所得税费用	90.60%	131.00%	45.56%	43.26%	−22.40%
四、净利润	76.61%	149.77%	75.14%	50.52%	−11.99%

要求：

对雅克科技进行利润表环比趋势分析。

案例4：

（1）金螳螂比较利润表如表3-19所示。

表3-19　金螳螂比较利润表　　　　　　　　　单位：万元

项　目	2015年	2016年	2017年	2018年	2019年
一、营业收入	1 841 428	2 068 860	1 865 409	1 960 066	2 099 641
减：营业成本	1 514 503	1 687 535	1 533 226	1 633 953	1 746 234
税金及附加	52 357	55 594	48 677	21 606	8 296
销售费用	22 613	23 696	25 837	31 032	50 786
管理费用	35 467	41 096	44 690	47 548	68 847
财务费用	843	1 892	3 334	6 495	12 824
资产减值损失	32 701	43 178	35 561	38 821	−3 584
加：投资收益	3 634	7 577	14 590	18 676	17 277
二、营业利润	186 578	223 446	188 674	197 470	233 515
加：营业外收入	2 133	2 068	979	487	11
减：营业外支出	206	554	102	46	30

续表

项　　目	2015 年	2016 年	2017 年	2018 年	2019 年
非流动资产处置损失	129	132	72	126	—
三、利润总额	188 376	224 828	189 479	199 728	233 496
减：所得税费用	29 705	35 136	28 983	30 170	40 831
四、净利润	158 671	189 692	160 496	169 558	192 665

要求：

对金螳螂进行利润表比较趋势分析。

（2）金螳螂利润表定比趋势分析表如表 3-20 所示。

表 3-20　金螳螂利润表定比趋势分析表

项　　目	2015 年	2016 年	2017 年	2018 年	2019 年
一、营业收入	100%	112.35%	101.30%	106.44%	114.02%
减：营业成本	100%	111.43%	101.24%	107.89%	115.30%
税金及附加	100%	106.18%	92.97%	41.27%	15.85%
销售费用	100%	104.79%	114.26%	137.23%	224.59%
管理费用	100%	115.87%	126.00%	134.06%	194.12%
财务费用	100%	224.44%	395.49%	770.46%	1 521.23%
资产减值损失	100%	132.04%	108.75%	118.72%	−10.96%
加：投资收益	100%	208.50%	401.49%	513.92%	475.43%
二、营业利润	100%	119.76%	101.12%	105.84%	125.16%
加：营业外收入	100%	96.95%	45.90%	114.02%	0.52%
减：营业外支出	100%	268.93%	49.51%	83.50%	14.56%
三、利润总额	100%	119.35%	100.59%	106.03%	123.95%
减：所得税费用	100%	118.28%	97.57%	101.57%	137.45%
四、净利润	100%	119.55%	101.15%	106.86%	121.42%

要求：

对金螳螂进行利润表比较及定比趋势分析。

（3）金螳螂利润表环比趋势分析表如表 3-21 所示。

表 3-21 金螳螂利润表环比趋势分析表

项　目	2016 年	2017 年	2018 年	2019 年	平均发展速度
一、营业收入	112.35%	90.17%	105.07%	107.12%	7.80%
减：营业成本	111.43%	90.86%	106.57%	106.87%	3.93%
税金及附加	106.18%	87.56%	44.39%	38.40%	−18.19%
销售费用	104.79%	109.04%	120.11%	163.66%	22.64%
管理费用	115.87%	108.75%	106.40%	144.79%	23.02%
财务费用	224.44%	176.22%	194.81%	197.44%	45.51%
资产减值损失	132.04%	82.36%	109.17%	−9.23%	−10.74%
加：投资收益	208.50%	192.56%	128.01%	92.51%	301.97%
二、营业利润	119.76%	84.44%	104.66%	118.25%	11.31%
加：营业外收入	96.95%	47.34%	248.42%	0.45%	149.10%
减：营业外支出	268.93%	18.41%	168.63%	17.44%	2.65%
三、利润总额	119.35%	84.28%	105.41%	116.91%	6.49%
减：所得税费用	118.28%	82.49%	104.10%	135.34%	13.91%
四、净利润	119.55%	84.61%	105.65%	113.63%	5.86%

要求：

对金螳螂进行利润表环比趋势分析。

案例 5：
(1) 伊利股份比较利润表如表 3-22 所示。

表 3-22　伊利股份比较利润表　　　　　　　　　　　　　　　　单位：万元

项　目	2015 年	2016 年	2017 年	2018 年	2019 年
一、营业收入	4 777 887	5 443 643	6 035 987	6 060 922	6 805 817
减：营业成本	3 408 276	3 639 999	3 837 559	3 742 371	4 156 235
税金及附加	23 391	18 539	25 104	42 007	51 157
销售费用	854 607	1 007 455	1 325 833	1 411 432	1 552 186
管理费用	239 183	316 323	345 616	345 667	331 705
财务费用	-3 309	15 489	29 716	2 388	11 349
资产减值损失	2 976	17 643	1 362	4 570	5 062
加：投资收益	13 139	10 774	18 635	39 926	13 468
二、营业利润	265 902	438 969	489 432	552 041	711 591
加：营业外收入	43 984	46 341	71 227	117 878	8 560
减：营业外支出	3 848	6 721	8 306	6 712	12 754
三、利润总额	306 038	478 589	552 353	663 207	707 397
减：所得税费用	-14 082	61 935	86 911	96 304	107 116
四、净利润	320 120	416 654	465 442	566 903	600 281

要求：
对伊利股份进行利润表比较趋势分析。

(2) 伊利股份利润表定比趋势分析表如表 3-23 所示。

表 3-23　伊利股份利润表定比趋势分析表

项　目	2015 年	2016 年	2017 年	2018 年	2019 年
一、营业收入	100%	114%	126%	127%	142%
减：营业成本	100%	107%	113%	110%	122%
税金及附加	100%	79%	107%	180%	219%
销售费用	100%	118%	155%	165%	182%
管理费用	100%	132%	144%	145%	139%

续表

项　目	2015年	2016年	2017年	2018年	2019年
财务费用	100%	－468%	－898%	－72%	－343%
资产减值损失	100%	593%	46%	154%	170%
加：投资收益	100%	82%	142%	304%	103%
二、营业利润	100%	165%	184%	208%	268%
加：营业外收入	100%	105%	162%	268%	19%
减：营业外支出	100%	175%	216%	174%	331%
三、利润总额	100%	156%	180%	217%	231%
减：所得税费用	100%	－440%	－617%	－684%	－761%
四、净利润	100%	130%	145%	177%	188%

要求：
对伊利股份进行利润表定比趋势分析。

(3) 伊利股份利润表环比趋势分析表如表3-24所示。

表3-24　伊利股份利润表环比趋势分析表

项　目	2016年	2017年	2018年	2019年	平均发展速度
一、营业收入	114%	111%	100%	112%	8%
减：营业成本	107%	105%	98%	111%	5%
税金及附加	79%	135%	167%	122%	21%
销售费用	118%	132%	106%	110%	13%
管理费用	132%	109%	100%	96%	7%
财务费用	－468%	192%	8%	475%	－39%
资产减值损失	593%	8%	336%	111%	129%
加：投资收益	82%	173%	214%	34%	21%
二、营业利润	165%	111%	113%	129%	24%
加：营业外收入	105%	154%	165%	7%	6%

续表

项　目	2016年	2017年	2018年	2019年	平均发展速度
减：营业外支出	175%	124%	81%	190%	34%
三、利润总额	156%	115%	120%	107%	20%
减：所得税费用	−440%	140%	111%	111%	−95%
四、净利润	130%	112%	122%	106%	14%

要求：

对伊利股份进行利润表环比趋势分析。

案例 6：

无锡大东方股份有限公司（以下简称"大东方"），坐落于无锡市，于2002年成功上市并在上海证券交易所挂牌，成为核准制下无锡首家上市的百货零售企业。2010年9月28日，其宣布正式改名为"大东方"，以新品牌亮相，表明"大东方"将接替"商业大厦"向着连锁百货的战略方向发展。

（1）大东方比较利润表趋势分析表如表3-25所示。

表3-25　大东方比较利润表趋势分析表　　　　　单位：万元

项　目	2014年	2015年	2016年	2017年	2018年
一、营业收入	750 138	889 887	855 367	838 152	90 690
减：营业成本	651 687	776 398	748 064	732 663	797 099
税金及附加	5 554	6 455	5 851	6 459	5 815
销售费用	27 407	32 561	32 370	31 564	33 424
管理费用	41 140	45 117	45 242	45 225	43 733
财务费用	7 877	6 586	6 248	4 824	3 428
资产减值损失	−59	212	−89	30	884
加：公允价值变动收益	1	2	3	3	−1
投资收益	2 129	3 463	3 253	4 865	4 255
二、营业利润	18 662	26 023	20 937	22 255	26 831
加：营业外收入	2 401	3 382	1 890	2 039	2 314

续表

项　　目	2014 年	2015 年	2016 年	2017 年	2018 年
减：营业外支出	626	572	698	530	523
三、利润总额	20 437	28 833	22 129	23 764	28 622
减：所得税费用	8 026	8 610	6 922	6 067	7 870
四、净利润	12 411	20 223	15 207	17 697	20 752

要求：

对大东方进行利润表比较趋势分析。

（2）大东方定比趋势分析表如表 3-26 所示。

表 3-26　大东方定比趋势分析表

项　　目	2014 年	2015 年	2016 年	2017 年	2018 年
一、营业收入	100.00%	118.63%	114.03%	111.73%	120.91%
减：营业成本	100.00%	119.14%	114.79%	112.43%	122.31%
税金及附加	100.00%	116.21%	105.34%	116.28%	104.69%
销售费用	100.00%	118.81%	118.11%	115.17%	121.95%
管理费用	100.00%	109.67%	109.97%	109.93%	106.30%
财务费用	100.00%	83.61%	79.32%	61.25%	43.52%
资产减值损失	100.00%	-357.43%	150.52%	-51.90%	-1 488.40%
加：公允价值变动收益	100.00%	200.00%	300.00%	300.00%	-100.00%
投资收益	100.00%	162.65%	152.78%	228.47%	199.80%
二、营业利润	100.00%	139.45%	112.19%	119.26%	143.78%
加：营业外收入	100.00%	140.82%	78.71%	84.94%	96.35%
减：营业外支出	100.00%	91.41%	111.46%	84.76%	83.61%
三、利润总额	100.00%	141.08%	108.28%	116.28%	140.05%
减：所得税费用	100.00%	107.28%	86.25%	75.59%	98.06%
四、净利润	100.00%	162.94%	122.53%	142.59%	167.20%

要求：

对大东方进行利润表定比趋势分析。

（3）大东方利润表环比趋势分析表如表 3-27 所示。

表 3-27 大东方利润表环比趋势分析表

项　目	2015 年	2016 年	2017 年	2018 年	平均发展速度
一、营业收入	118.63%	96.12%	97.99%	108.21%	5.24%
减：营业成本	119.14%	96.35%	97.94%	108.79%	5.56%
税金及附加	116.21%	90.64%	110.39%	90.03%	1.82%
销售费用	118.81%	99.41%	97.51%	105.89%	5.40%
管理费用	109.67%	100.28%	99.96%	96.70%	1.65%
财务费用	83.61%	94.87%	77.21%	71.06%	－18.31%
资产减值损失	－357.43%	－42.11%	－34.48%	2 867.61%	508.40%
加：公允价值变动收益	200.00%	150.00%	100.00%	－33.33%	4.17%
投资收益	162.65%	93.93%	149.54%	87.45%	23.39%
二、营业利润	139.45%	80.46%	106.29%	120.56%	11.69%
加：营业外收入	140.82%	55.90%	107.90%	113.44%	4.52%
减：营业外支出	91.41%	121.94%	76.04%	98.64%	－2.99%
三、利润总额	141.08%	76.75%	107.39%	120.44%	11.42%
减：所得税费用	107.28%	80.40%	87.64%	129.72%	1.26%
四、净利润	162.94%	75.20%	116.37%	117.26%	17.94%

要求：

对大东方进行利润表环比趋势分析。

(三) 利润表结构分析

1. 横向结构分析

案例 1:

江苏阳光利润表横向结构分析表如表 3-28 所示。

表 3-28 江苏阳光利润表横向结构分析表　　　　金额单位: 万元

项目	本期金额	上期金额	变动情况 变动额	变动情况 变动率	与营业收入的比值
一、营业收入	215 084	209 217	5 866	2.80%	2.80%
减: 营业成本	166 411	155 879	10 532	6.76%	5.03%
税金及附加	2 449	3 001	−552	−18.39%	−0.26%
销售费用	1 855	2 233	−378	−16.93%	−0.18%
管理费用	19 559	18 810	749	3.98%	0.36%
财务费用	14 082	10 350	3 732	36.06%	1.78%
资产减值损失	−553	561	−1 114	−198.57%	−0.53%
加: 投资收益	102	2 192	−2 090	−95.35%	−1.00%
资产处置收益	−4	−2	−2	100%	0.00%
其他收益	632	0	632	—	0.30%
二、营业利润	12 012	20 573	−8 561	−41.61%	−4.09%
加: 营业外收入	642	1 345	−703	−52.26%	−0.34%
减: 营业外支出	756	179	577	320.86%	0.28%
三、利润总额	11 897	21 739	−9 842	−45.27%	−4.70%
减: 所得税费用	−1 698	3 871	−5 569	−143.88%	−2.66%
四、净利润	13 596	17 868	−4 272	−23.91%	−2.04%

要求:

对江苏阳光进行利润表横向结构分析。

案例 2：

金螳螂利润表横向结构分析表如表 3-29 所示。

表 3-29　金螳螂利润表横向结构分析表　　　　　金额单位：万元

项　　目	本期金额	上期金额	变动额	变动率	与营业收入的比值
一、营业收入	2 099 641	1 960 066	139 575	7.12%	7.12%
减：营业成本	1 746 234	1 633 953	112 281	6.87%	5.73%
税金及附加	8 296	21 606	−13 310	−61.60%	−0.68%
销售费用	50 786	31 032	19 754	63.66%	1.01%
管理费用	68 847	47 548	21 299	44.79%	1.09%
财务费用	12 824	6 495	6 329	97.44%	0.32%
资产减值损失	−3 584	38 821	−42 405	−109.23%	−2.16%
加：投资收益	17 277	18 676	−1 399	−7.49%	−0.07%
二、营业利润	233 515	197 470	36 045	18.25%	1.84%
加：营业外收入	11	487	−476	−97.74%	−0.02%
减：营业外支出	30	46	−16	−34.78%	0.00%
三、利润总额	233 496	199 728	33 768	16.91%	1.72%
减：所得税费用	40 831	30 170	10 661	35.34%	0.54%
四、净利润	192 665	169 558	23 107	13.63%	1.18%

要求：

对金螳螂进行利润表横向结构分析。

案例 3：

法尔胜利润表横向结构分析表如表 3-30 所示。

表 3-30　法尔胜利润表横向结构分析表　　　　　金额单位：万元

项　　目	本期金额	上期金额	变动额	变动率	与营业收入的比值
一、营业收入	200 429	190 673	9 756	5.12%	5.12%
减：营业成本	163 866	161 492	2 374	1.47%	1.25%
营业成本	165 636	161 491	4 145	2.57%	2.17%

续表

项目	本期金额	上期金额	变动情况		
^	^	^	变动额	变动率	与营业收入的比值
税金及附加	1 327	2 382	−1 055	−44.29%	−0.55%
销售费用	1 559	3 364	−1 805	−53.66%	−0.95%
管理费用	12 543	11 958	585	4.89%	0.31%
财务费用	10 320	4 452	5 868	131.81%	3.08%
资产减值损失	1 716	2 860	−1 144	−40.00%	−0.60%
加：投资收益	8 139	11 216	−3 077	−27.43%	−1.61%
二、营业利润	17 237	15 381	1 856	12.07%	0.97%
加：营业外收入	142	474	−332	−70.04%	−0.17%
减：营业外支出	7	397	−390	−98.24%	−0.20%
三、利润总额	17 372	15 458	1 914	12.38%	1.00%
减：所得税费用	2 478	15	2 463	16 420.00%	1.29%
四、净利润	14 894	15 443	−549	−3.56%	−0.29%

要求：

对法尔胜进行利润表横向结构分析。

案例 4：

雅克科技利润表横向结构分析表如表 3-31 所示。

表 3-31　雅克科技利润表横向结构分析表　　　　金额单位：万元

项目	本期金额	上期金额	变动情况		
^	^	^	变动额	变动率	与营业收入的比值
一、营业收入	113 292	89 448	23 844	26.66%	26.66%
减：营业成本	88 818	68 642	20 176	29.39%	22.56%
税金及附加	824	430	394	91.63%	0.44%
销售费用	5 745	4 056	1 689	41.64%	1.89%
管理费用	13 068	11 912	1 156	9.70%	1.29%
财务费用	1 221	−1 586	2 807	−176.99%	3.14%

续表

项目	本期金额	上期金额	变动情况		
^^^	^^^	^^^	变动额	变动率	与营业收入的比值
资产减值损失	76	139	−63	−45.32%	−0.07%
公允价值变动收益	1	306	−305	−99.67%	−0.34%
加：投资收益	−61	1 352	−1 413	−104.51%	−1.58%
二、营业利润	3 480	7 513	−4 033	−53.68%	−4.51%
加：营业外收入	432	304	128	42.11%	0.14%
减：营业外支出	97	136	−39	−28.68%	−0.04%
非流动资产处置损失	0.00	18	−18	−100.00%	−0.02%
三、利润总额	3 815	7 681	−3 868	−50.35%	−4.32%
减：所得税费用	388	897	−509	−56.74%	−0.57%
四、净利润	3 427	6 784	−3 357	−49.48%	−3.75%

要求：

对雅克科技进行利润表横向结构分析。

案例 5：

伊利股份利润表横向结构分析表如表 3-32 所示。

表 3-32　伊利股份利润表横向结构分析表　　　金额单位：万元

项目	本期金额	上期金额	变动情况		
^^^	^^^	^^^	变动额	变动率	与营业收入的比值
一、营业收入	6 805 817	6 060 922	744 895	12.29%	12.29%
减：营业成本	4 156 235	3 742 371	413 864	11.06%	6.83%
税金及附加	51 157	42 007	9 150	21.78%	0.15%
销售费用	1 552 186	1 411 431	140 755	9.97%	2.32%
管理费用	331 704	345 666	−13 962	−4.04%	−0.23%
财务费用	11 348	2 387	8 961	375.41%	0.15%
资产减值损失	5 062	4 570	492	10.77%	0.01%
加：投资收益	13 467	39 926	−26 459	−66.27%	−0.44%

续表

项　目	本期金额	上期金额	变动情况 变动额	变动情况 变动率	变动情况 与营业收入的比值
二、营业利润	711 591	552 412	159 179	28.82%	2.63%
加：营业外收入	8 559	116 319	−107 760	−92.64%	−1.78%
减：营业外支出	12 753	5 524	7 229	130.87%	0.12%
三、利润总额	707 397	663 207	44 190	6.66%	0.73%
减：所得税费用	107 115	96 303	10 812	11.23%	0.18%
四、净利润	600 281	566 903	33 378	5.89%	0.55%

要求：

对伊利股份进行利润表横向结构分析。

案例 6：

红宝丽利润表收支结构分析表如表 3-33 所示。

表 3-33　红宝丽利润表收支结构分析表　　　　金额单位：万元

项　目	本期金额	上期金额	变动情况 变动额	变动情况 变动率	变动情况 与营业收入的比值
一、营业收入	217 125	183 384	33 741	18.40%	18.40%
减：营业成本	184 269	148 478	35 791	24.11%	19.52%
税金及附加	1 192	950	242	25.47%	0.13%
销售费用	8 893	9 109	−216	−2.37%	−0.12%
管理费用	15 194	14 425	769	5.33%	0.42%
财务费用	2 785	534	2 251	421.54%	1.23%
资产减值损失	77	302	−225	−74.50%	−0.12%
加：投资收益	0	−103	103	−100.00%	0.06%
二、营业利润	4 715	9 483	−4 768	−50.28%	−2.60%
加：营业外收入	1 629	7 962	−6 333	−79.54%	−3.45%
减：营业外支出	576	245	331	135.10%	0.18%

续表

项　　目	本期金额	上期金额	变动情况 变动额	变动情况 变动率	变动情况 与营业收入的比值
非流动资产处置损失	0	171	−171	−100.00%	−0.09%
三、利润总额	5 768	17 029	−11 261	−66.13%	−6.14%
减：所得税费用	1 005	3 676	−2 671	−72.66%	−1.46%
四、净利润	4 763	13 353	−8 590	−64.33%	−4.68%

要求：

对红宝丽进行利润表纵向结构分析。

2. 纵向结构分析（收支结构）

案例1：

法尔胜利润表收支结构分析表如表3-34所示。

表3-34　法尔胜利润表收支结构分析表　　　　金额单位：万元

项　　目	2018年	2019年	2019年结构百分比	2018年结构百分比	变动情况
一、营业收入	190 673	200 429	100.00%	100.00%	0.00%
减：营业成本	161 492	163 866	84.70%	81.76%	2.94%
税金及附加	2 382	1 327	1.25%	0.66%	0.59%
销售费用	3 364	1 559	1.76%	0.78%	0.99%
管理费用	11 958	12 543	6.27%	6.26%	0.01%
财务费用	4 452	10 320	2.33%	5.15%	−2.81%
资产减值损失	2 860	1 716	1.50%	0.86%	0.64%
加：投资收益	11 216	8 139	5.88%	4.06%	1.82%
二、营业利润	15 381	17 237	8.07%	8.60%	−0.53%
加：营业外收入	474	142	0.25%	0.07%	0.18%
减：营业外支出	397	7	0.21%	0.00%	0.20%
三、利润总额	15 458	17 372	8.11%	8.67%	−0.56%
减：所得税费用	15	2 478	0.01%	1.24%	−1.23%
四、净利润	15 443	14 894	8.10%	7.43%	0.67%

要求：

对法尔胜进行利润表纵向结构分析。

案例 2：

伊利股份利润表收支结构分析表如表 3-35 所示。

表 3-35　伊利股份利润表收支结构分析表　　　金额单位：万元

项　　目	2019 年	2018 年	2019 年结构百分比	2018 年结构百分比	变动情况
一、营业收入	6 805 817	6 060 922	100.00%	100.00%	0.00%
减：营业成本	4 156 235	3 742 371	61.07%	61.75%	-0.68%
税金及附加	51 157	42 007	0.75%	0.69%	0.06%
销售费用	1 552 186	1 411 432	22.81%	23.29%	-0.48%
管理费用	331 705	345 667	4.87%	5.70%	-0.83%
财务费用	11 349	2 388	0.17%	0.04%	0.13%
资产减值损失	5 062	4 570	0.07%	0.08%	0.00%
加：投资收益	13 468	39 926	0.20%	0.66%	-0.46%
二、营业利润	711 591	552 041	10.46%	9.11%	1.35%
加：营业外收入	8 560	117 878	0.13%	1.94%	-1.82%
减：营业外支出	12 754	6 712	0.19%	0.11%	0.08%
三、利润总额	707 397	663 207	10.39%	10.94%	-0.55%
减：所得税费用	107 116	96 304	1.57%	1.59%	-0.02%
四、净利润	600 281	566 903	8.82%	9.35%	-0.53%

要求：

对伊利股份进行利润表纵向结构分析。

案例 3：

江苏阳光利润表收支结构分析表如表 3-36 所示。

表 3-36　江苏阳光利润表收支结构分析表　　　　金额单位：万元

项　　目	2019 年	2018 年	2019 年结构百分比	2018 年结构百分比	变动情况
一、营业收入	215 084	209 217	100.00%	100.00%	0.00%
减：营业成本	166 411	155 879	77.37%	74.51%	2.86%
税金及附加	2 449	3 001	1.14%	1.43%	−0.30%
销售费用	1 855	2 233	0.86%	1.07%	−0.20%
管理费用	19 559	18 810	9.09%	8.99%	0.10%
财务费用	14 082	10 350	6.55%	4.95%	1.60%
资产减值损失	−553	561	−0.26%	0.27%	−0.53%
加：投资收益	102	2 192	0.05%	1.05%	−1.00%
资产处置收益	−4	−2	0.00%	0.00%	0.00%
其他收益	632	0.00	0.29%	0.00%	0.29%
二、营业利润	12 012	20 573	5.58%	9.83%	−4.25%
加：营业外收入	642	1 345	0.30%	0.64%	−0.34%
减：营业外支出	756	179	0.35%	0.09%	0.27%
三、利润总额	11 898	21 739	5.53%	10.39%	−4.86%
减：所得税费用	−1 698	3 871	−0.79%	1.85%	−2.64%
四、净利润	13 596	17 868	6.32%	8.54%	−2.22%

要求：

对江苏阳光进行利润表纵向结构分析。

案例 4：

雅克科技利润表收支结构分析表如表 3-37 所示。

表 3-37　雅克科技利润表收支结构分析表　　金额单位：万元

项　　目	2019 年	2018 年	2019 年结构百分比	2018 年结构百分比	变动情况
一、营业收入	113 292	89 448	100.00%	100.00%	0.00%
减：营业成本	88 818	68 642	78.40%	76.74%	1.66%
税金及附加	824	430	0.73%	0.48%	0.25%
销售费用	5 745	4 056	5.07%	4.53%	0.54%
管理费用	13 068	11 912	11.53%	13.32%	-1.78%
财务费用	1 221	-1 586	1.08%	-1.77%	2.85%
资产减值损失	76	139	0.07%	0.16%	-0.09%
公允价值变动收益	1	306	0.00%	0.34%	-0.34%
加：投资收益	-61	1 352	-0.05%	1.51%	-1.57%
二、营业利润	3 480	7 513	3.07%	8.40%	-5.33%
加：营业外收入	432	304	0.38%	0.34%	0.04%
减：营业外支出	97	136	0.09%	0.15%	-0.07%
三、利润总额	3 814	7 682	3.37%	8.59%	-5.22%
减：所得税费用	388	897	0.34%	1.00%	-0.66%
四、净利润	3 427	6 784	3.02%	7.58%	-4.56%

要求：

对雅克科技进行利润表纵向结构分析。

3. 盈利结构状态分析

案例 1：

法尔胜盈利结构状态如表 3-38 所示。

表 3-38　法尔胜盈利结构状态　　　　　　　　　单位：万元

项　　目	2015 年	2016 年	2017 年	2018 年	2019 年
主营业务利润	25 784	21 651	19 212	29 181	36 563
营业利润	2 820	1 801	888	15 381	17 237
利润总额	2 822	1 969	1 545	15 458	17 372

要求：

对法尔胜进行盈利结构状态分析。

案例 2：

雅克科技盈利结构状态如表 3-39 所示。

表 3-39　雅克科技盈利结构状态　　　　　　　　　单位：万元

项　　目	2015 年	2016 年	2017 年	2018 年	2019 年
主营业务利润	23 595	24 265	23 844	20 806	244 74
营业利润	9 300	7 711	11 428	7 513	3 480
利润总额	9 528	7 530	10 997	7 681	3 815

要求：

对雅克科技进行盈利结构状态分析。

案例 3：

大东方盈利结构状态如表 3-40 所示。

表 3-40　大东方盈利结构状态　　　　　　　　单位：万元

项　　目	2014 年	2015 年	2016 年	2017 年	2018 年
主营业务利润	98 451	113 489	107 303	105 489	109 861
营业利润	18 662	26 023	20 937	22 255	26 831
利润总额	20 437	28 833	22 129	23 764	28 622

要求：

对大东方进行盈利结构状态分析。

项目四　现金流量表分析

一、简答题

1. 简述编制现金流量表时，列报经营活动现金流量的方法及其各自的优点。

2. 简述现金流量表分析的目的。

3. 简述筹资活动现金流量质量分析的具体项目。

二、计算分析题

1. 某公司 2019 年有关资料如下：本期主营业务收入为 1 205 万元；应收账款的年初数为 320 万元，年末数为 200 万元；预收账款的年初数为 100 万元，年末数为 150 万元。
   要求：
   计算该公司"销售商品、提供劳务收到的现金"项目的金额。

2. C公司为国内上市公司,2018—2020年现金流入与流出的相关资料如表4-1所示。

表 4-1 C公司 2017—2019 年现金流量资料　　　　单位:万元

项　　目	2018 年	2019 年	2020 年
经营活动产生的现金流入小计	3 240 988	3 218 786	4 651 824
经营活动产生的现金流出小计	3 088 894	2 934 514	4 574 716
投资活动产生的现金流入小计	405 560	326 078	70 512
投资活动产生的现金流出小计	367 538	510 138	145 502
筹资活动产生的现金流入小计	1 071 036	635 222	624 908
筹资活动产生的现金流出小计	1 077 164	900 312	424 440

要求:
根据表4-1的资料对现金流入与流出结构进行分析并填制表4-2。

表 4-2 C公司 2018—2020 年现金流量比

年　　度	2018 年	2019 年	2020 年
经营活动现金流入:现金流出			
投资活动现金流入:现金流出			
筹资活动现金流入:现金流出			
现金总流入:现金总流出			

三、综合分析题

A公司2020年现金流量表如表4-3所示。

表 4-3 A公司 2020 年现金流量表　　　　单位:元

项　　目	本 期 金 额
一、经营活动产生的现金流量	
销售商品、提供劳务收到的现金	8 930 000
购买商品、接受劳务支付的现金	7 560 000
支付给职工以及为职工支付的现金	420 000

续表

项　　目	本 期 金 额
支付的各项税费	350 000
支付的其他与经营活动有关的现金	400 000
经营活动产生的现金流量净额	200 000
二、投资活动产生的现金流量	
取得投资收益收到的现金	240 000
处置固定资产、无形资产和其他长期资产收回的现金净额	300 000
购建固定资产、无形资产和其他长期资产支付的现金	900 000
投资活动产生的现金流量净额	−360 000
三、筹资活动产生的现金流量	
吸收投资发行债券收到的现金	1 500 000
偿还债务所支付的现金	510 000
分配股利、利润或偿付利息支付的现金	540 000
筹资活动产生的流量净额	450 000
四、现金及现金等价物净增加额	290 000
补充资料：	
1.将净利润调节为经营活动的现金流量	
净利润	35 600
加：资产减值准备	3 000
固定资产折旧	20 000
无形资产摊销	0
长期待摊费用的摊销	1000
待摊费用的减少（减：增加）	−20 000
预提费用的增加（加：减少）	0
处置固定资产、无形资产和其他资产的损失	0
财务费用	35 000
投资损失（减：收益）	−140 000
存货的减少（减：增加）	18 000
经营性应收项目的减少（减：增加）	−5 000
经营性应付项目的增加（减：减少）	−5 000
其他	0

续表

项　　目	本 期 金 额
经营活动产生的现金流量净额	（　　）
2.现金增加情况	
现金的期末余额	566000
减：现金的期初余额	（　　）
现金净增加额	（　　）

A公司2020年年初总资产为500 000元，年末总资产为600 000元；2020年年初股本为300 000股，6月1日增发股票100 000股。A公司所在行业的资产现金流量收益率和每股现金流量分别为300%和0.50。

要求：

（1）根据资料，将补充资料中的数据填写完整，并简要评价其利润质量。

（2）从现金净流量的组成，观察该公司的经营实力并分析其可能所处的发展时期。

（3）根据资料，对A公司2020年度的流入结构、流出结构和流入流出比例进行分析。

（4）计算A公司的资产现金流量收益率和每股现金流量并进行分析。（计算结果保留两位小数）

四、案例实战

（一）现金流量表质量分析

1.现金流整体分析

案例1：

（1）江苏阳光2019年现金流量表如表4-4所示。

表4-4　江苏阳光2019年现金流量表　　　　　单位：万元

项　　目	本　　期	上　　期
一、经营活动产生的现金流量：		
销售商品、提供劳务收到的现金	229 792	243 115
收到的税费返还	2 426	1 242
收到的其他与经营活动有关的现金	2 707	1 269
经营活动现金流入小计	234 925	245 626
购买商品、接受劳务支付的现金	135 981	158 633

续表

项　目	本　期	上　期
支付给职工以及为职工支付的现金	36 607	34 589
支付的各项税费	7 850	10 664
支付的其他与经营活动有关的现金	14 991	14 112
经营活动现金流出小计	195 429	217 998
经营活动产生的现金流量净额	39 496	27 628
二、投资活动产生的现金流量		
收回投资所收到的现金	3 000	62 652
取得投资收益所收到的现金	102	2 472
处置固定资产、无形资产和其他长期资产所收回的现金净额	18	961
收到的其他与投资活动有关的现金	5 300	0
投资活动现金流入小计	8 420	66 085
购建固定资产、无形资产和其他长期资产所支付的现金	6 340	25 152
投资所支付的现金	0	25 452
投资活动现金流出小计	6 340	50 604
投资活动产生的现金流量净额	2 080	15 481
三、筹资活动产生的现金流量		
取得借款收到的现金	210 867	184 200
收到的其他与筹资活动有关的现金	0	216
筹资活动现金流入小计	210 867	184 416
偿还债务支付的现金	206 200	171 300
分配股利、利润或偿付利息所支付的现金	13 121	13 164
支付的其他与筹资活动有关的现金	6 020	7 883
筹资活动现金流出小计	225 341	192 347
筹资活动产生的现金流量净额	−14 474	−7 931
四、汇率变动对现金及现金等价物的影响	−2 249	1 316
五、现金及现金等价物净增加额	24 853	36 494
加：期初现金及现金等价物余额	63 697	27 202
六、期末现金及现金等价物余额	88 550	63 696

要求：

对江苏阳光进行现金流量表分析。

(2) 江苏阳光整体现金流分析如表 4-5 所示。

表 4-5　江苏阳光整体现金流分析表　　　　　　　　单位：万元

项　　目	2018 年	2019 年
经营活动现金流量净额	27 628	39 496
投资活动现金流量净额	15 481	2 080
筹资活动现金流量净额	-7 931	-14 474
现金净流量合计	35 178	27 102
生命周期	成熟期	

要求：

对江苏阳光进行整体现金流分析。

案例 2：

(1) 红宝丽 2019 年现金流量表如表 4-6 所示。

表 4-6　红宝丽 2019 年现金流量表　　　　　　　　单位：万元

项　　目	本　　期	上　　期
一、经营活动产生的现金流量：		
销售商品、提供劳务收到的现金	159 676	144 164
收到的税费返还	6 550	6 153
收到其他与经营活动有关的现金	1 437	2 868
经营活动现金流入小计	167 663	153 185
购买商品、接受劳务支付的现金	154 837	119 401
支付给职工以及为职工支付的现金	9 749	9 251
支付的各项税费	5 326	8 141
支付其他与经营活动有关的现金	5 323	4 736
经营活动现金流出小计	175 235	141 529
经营活动产生的现金流量净额	-7 572	11 656
二、投资活动产生的现金流量：		
收回投资收到的现金	8 724	578

续表

项 目	本 期	上 期
处置固定资产、无形资产和其他长期资产收回的现金净额	35	8 747
收到其他与投资活动有关的现金	1 528	0
投资活动现金流入小计	10 287	9 325
购建固定资产、无形资产和其他长期资产支付的现金	52 110	17 861
投资支付的现金	2 224	6 500
投资活动现金流出小计	54 334	24 361
投资活动产生的现金流量净额	−44 047	−15 036
三、筹资活动产生的现金流量		
吸收投资收到的现金	750	36 690
其中：子公司吸收少数股东投资收到的现金	750	0
取得借款收到的现金	71 161	41 615
收到其他与筹资活动有关的现金	2 600	373
筹资活动现金流入小计	74 511	78 678
偿还债务支付的现金	42 269	43 615
分配股利、利润或偿付利息支付的现金	7 402	2 377
其中：子公司支付给少数股东的股利、利润	7	700
支付其他与筹资活动有关的现金	0	1 261
筹资活动现金流出小计	49 671	47 253
筹资活动产生的现金流量净额	24 840	31 425
四、汇率变动对现金及现金等价物的影响	−410	403
五、现金及现金等价物净增加额	−27 189	28 448
加：期初现金及现金等价物余额	38 063	9 615
六、期末现金及现金等价物余额	10 874	38 063

要求：

对红宝丽进行现金流量表分析。

(2) 红宝丽整体现金流分析如表 4-7 所示。

表 4-7 红宝丽整体现金流分析表　　　　　　　　单位：万元

项　　目	2018 年	2019 年
经营活动现金流量净额	11 654	−7 572
投资活动现金流量净额	−15 036	−44 047
筹资活动现金流量净额	31 425	24 840
现金净流量合计	**28 043**	**−26 779**
生命周期	成熟期后期	

要求：

对红宝丽进行整体现金流分析。

2. 现金流象限分析

案例 1：

红宝丽现金流象限分析如表 4-8 所示。

表 4-8 红宝丽现金流象限分析表　　　　　　　　单位：万元

项　　目	2018 年	2019 年
净利润	13 353	4 763
经营活动现金流量净额	11 654	−7 572

要求：

对红宝丽进行现金流象限分析。

案例 2：

伊利股份经营现金流量象限分析如表 4-9 所示。

表 4-9　伊利股份经营现金流量象限分析表　　　　单位：万元

项　　目	2015 年	2016 年	2017 年	2018 年	2019 年
净利润	320 120	416 654	465 442	566 903	600 281
经营活动现金流量净额	547 474	243 648	953 649	1 281 732	700 629

要求：

对伊利股份进行现金流象限分析。

案例 3：

红豆股份经营现金流量象限分析如表 4-10 所示。

表 4-10　红豆股份经营现金流量象限分析表　　　　单位：万元

项　　目	2018 年	2019 年
净利润	17 636	60 966
经营活动现金流量净额	-107 189	-142 269

要求：

对红豆股份进行现金流象限分析。

3. 内生现金流量分析

案例 1：

江苏阳光内生现金流量分析如表 4-11 所示。

表 4-11　江苏阳光内生现金流量分析　　　　　单位：万元

项　　目	2018 年	2019 年
经营活动现金流量净额	27 628	39 496
减：现金股利分配	13 164	13 121
内生性现金净流量	14 464	26 375
加：投资活动现金流量净额	15 481	2 080
财务赤字或蓝字	**29 945**	**28 455**

要求：

对江苏阳光进行内生现金流量分析。

案例 2：

红宝丽内生现金流量分析如表 4-12 所示。

表 4-12　红宝丽内生现金流量分析　　　　　单位：万元

项　　目	2018 年	2019 年
经营活动现金流量净额	11 654	−7 572
减：现金股利分配	2 377	7 042
内生性现金净流量	9 277	−14 614
加：投资活动现金流量净额	0	7 572
财务赤字或蓝字	**9 277**	**−7 042**

要求：

对红宝丽进行内生现金流量分析。

案例 3：

伊利股份内生现金流量分析如表 4-13 所示。

表 4-13 伊利股份内生现金流量分析　　　　　　　　单位：万元

项　目	2018 年	2019 年
经营活动现金流量净额	1 281 732	700 629
减：现金股利分配	277 623	384 543
内生性现金净流量	1 004 109	316 086
加：投资活动现金流量净额	−324 321	−311 681
财务赤字或蓝字	**679 788**	**4 405**

要求：

对伊利股份进行内生现金流量分析。

案例 4：

红豆股份内生现金流量分析如表 4-14 所示。

表 4-14 红豆股份内生现金流量分析表　　　　　　　　单位：万元

项　目	2018 年	2019 年
经营活动产生的现金流量净额	−107 189	−142 269
减：现金股利分配	16 373	34 138
内生性现金净流量	−123 562	−176 407
加：投资活动产生的现金流量净额	−112 136	−29 243
财务赤字或蓝字	**−235 698**	**−205 650**

要求：

对红豆股份进行内生现金流量分析。

案例5：

江苏恒顺醋业股份有限公司(以下简称"恒顺醋业")是镇江香醋的龙头生产企业。公司设有国家级的博士后工作站，下设数十家子公司。2001年，恒顺醋业成为国内同行业首家上市公司，主要生产香醋、酱油、酱菜和色酒等近200个品种的调味品。

恒顺醋业内生现金流量分析表如表4-15所示。

表4-15　恒顺醋业内生现金流量分析表　　　　　　　　单位：万元

项　　目	2018年	2019年
经营活动现金流量净额	31 398	31 092
减：现金股利分配	8 044	6 036
内生性现金净流量	23 354	25 056
加：投资活动现金流量净额	−22 295	−29 089
财务赤字或蓝字	1 059	−4 033

要求：

对恒顺醋业进行内生现金流量分析。

案例6：

江苏鱼跃医疗设备股份有限公司(以下简称"鱼跃医疗")是中国A股上市公司，注册资本为53 160.64万元，专业从事医疗设备研发、制造和营销，是目前国内康复护理、医用供氧及医用临床系列医疗器械的专业生产企业之一。

鱼跃医疗内生现金流量分析如表4-16所示。

表4-16　鱼跃医疗内生现金流量分析表　　　　　　　　单位：万元

项　　目	2018年	2019年
经营活动现金流量净额	67 697	24 209
减：现金股利分配	24 043	27 180
内生性现金净流量	43 654	−2 971
加：投资活动现金流量净额	−98 962	−42 171
财政赤字或蓝字	**−55 308**	**−45 142**

要求：

对鱼跃医疗进行内生现金流量分析。

(二) 现金流量表趋势分析

案例 1：

(1) 金螳螂比较现金流量表分析如表 4‑17 所示。

表 4‑17　金螳螂比较现金流量表分析　　　　　　　单位：万元

项　　目	2015 年	2016 年	2017 年	2018 年	2019 年
一、经营活动产生的现金流量					
销售商品、提供劳务收到的现金	1 473 023	1 594 518	1 635 886	1 891 683	2 207 316
收到的其他与经营活动有关的现金	1 169	2 035	8 849	7 832	3 084
经营活动现金流入小计	1 474 192	1 596 553	1 644 735	1 899 515	2 210 400
购买商品、接受劳务支付的现金	1 130 121	1 350 688	1 314 502	1 469 123	1 644 289
支付给职工以及为职工支付的现金	138 240	162 093	200 320	197 797	236 302
支付的各项税费	76 572	88 739	97 999	95 436	114 404
支付的其他与经营活动有关的现金	29 223	29 634	23 722	27 122	37 679
经营活动现金流出小计	1 374 156	1 631 154	1 636 543	1 789 478	2 032 674
经营活动产生的现金流量净额	100 036	−34 601	8 192	110 037	177 726
二、投资活动产生的现金流量					
收回投资所收到的现金	363 276	809 071	292 622	805 955	1 380 353
取得投资收益所收到的现金	3 782	149	9 104	18 100	14 164
处置固定资产、无形资产和其他长期资产所收回的现金净额	10 959	61	253	6 750	2 173
处置子公司及其他营业单位收到的现金净额	—	—	2 636	3 143	679
收到的其他与投资活动有关的现金	3 815	2 922	4 079	1 110	1 560

续表

项 目	2015年	2016年	2017年	2018年	2019年
投资活动现金流入小计	381 832	812 204	308 695	835 059	1 398 929
购建固定资产、无形资产和其他长期资产所支付的现金	35 116	23 410	25 933	22 234	25 572
投资所支付的现金	443 662	889 240	446 650	817 759	1 367 446
支付的其他与投资活动有关的现金	325	—	—	—	—
投资活动现金流出小计	479 103	912 650	472 583	839 993	1 393 018
投资活动产生的现金流量净额	−97 271	−100 447	−163 889	−4 935	5 911
三、筹资活动产生的现金流量					
吸收投资收到的现金	1 034	1 000	480	55 722	9 450
取得借款收到的现金	1 524	5 660	169 616	163 009	200 486
收到其他与筹资活动有关的现金	—	—	23 012	—	456
筹资活动现金流入小计	2 558	6 660	193 108	218 731	210 392
偿还债务支付的现金	4 431	3 633	69 347	212 454	261 918
分配股利、利润或偿付利息所支付的现金	20 790	28 926	19 916	46 931	48 994
筹资活动现金流出小计	25 221	33 529	89 263	259 385	310 912
筹资活动产生的现金流量净额	−22 663	−25 899	103 845	−40 654	−100 520
四、汇率变动对现金及现金等价物的影响	−870	−519	−1 176	555	−2 224
五、现金及现金等价物净增加额	−20 768	−162 466	−53 028	65 003	80 893
加：期初现金及现金等价物余额	357 237	336 469	174 038	121 011	186 035
六、期末现金及现金等价物余额	336 469	175 003	121 010	186 014	266 928

要求：

对金螳螂进行比较现金流量表分析。

(2) 金螳螂定比现金流量表如表 4-18 所示。

表 4-18 金螳螂建筑公司现金流量表定比

项　　目	2015 年	2016 年	2017 年	2018 年	2019 年
一、经营活动产生的现金流量					
销售商品、提供劳务收到的现金	100.00%	108.25%	111.06%	128.42%	149.85%
收到的其他与经营活动有关的现金	100.00%	174.08%	756.97%	669.97%	263.82%
经营活动现金流入小计	100.00%	108.30%	111.57%	128.85%	149.94%
购买商品、接受劳务支付的现金	100.00%	119.52%	116.32%	130.00%	145.50%
支付给职工以及为职工支付的现金	100.00%	117.25%	144.91%	143.08%	170.94%
支付的各项税费	100.00%	115.89%	127.98%	124.64%	149.41%
支付的其他与经营活动有关的现金	100.00%	101.41%	81.18%	92.81%	128.94%
经营活动现金流出小计	100.00%	118.70%	119.09%	130.22%	147.92%
经营活动产生的现金流量净额	100.00%	-34.59%	8.19%	110.02%	177.66%
二、投资活动产生的现金流量					
收回投资所收到的现金	100.00%	222.72%	80.55%	221.86%	379.97%
取得投资收益所收到的现金	100.00%	3.94%	240.72%	478.58%	374.51%
处置固定资产、无形资产和其他长期资产所收回的现金净额	100.00%	0.56%	2.31%	61.59%	19.83%
收到的其他与投资活动有关的现金	100.00%	76.59%	106.92%	29.10%	40.89%
投资活动现金流入小计	100.00%	—	80.85%	218.70%	366.37%
购建固定资产、无形资产和其他长期资产所支付的现金	100.00%	66.66%	73.85%	63.32%	72.82%
投资所支付的现金	100.00%	200.43%	100.67%	184.32%	308.22%
投资活动现金流出小计	100.00%	190.49%	98.64%	175.33%	290.76%
投资活动产生的现金流量净额					
三、筹资活动产生的现金流量					
吸收投资收到的现金	100.00%	96.71%	46.42%	5 388.97%	913.93%
取得借款收到的现金	100.00%	371.39%	11 129.66%	10 696.13%	13 155.25%

续表

项　　目	2015年	2016年	2017年	2018年	2019年
筹资活动现金流入小计	100.00%	260.36%	7 549.18%	8 550.86%	8 224.86%
偿还债务支付的现金	100.00%	81.99%	1 565.04%	4 794.72%	5 911.04%
分配股利、利润或偿付利息所支付的现金	100.00%	139.13%	95.80%	225.74%	235.66%
筹资活动现金流出小计	100.00%	132.92%	353.92%	1 028.45%	1 232.75%
筹资活动产生的现金流量净额					
四、汇率变动对现金及现金等价物的影响	100.00%	59.66%	135.17%	−63.79%	255.63%
五、现金及现金等价物净增加额					
加：期初现金及现金等价物余额	100.00%	94.19%	48.72%	33.87%	52.08%
六、期末现金及现金等价物余额	100.00%	51.72%	35.96%	55.29%	79.33%

要求：

对金螳螂进行定比现金流量表分析。

(3) 金螳螂建筑公司环比现金流量表如表4-19年示。

表4-19　金螳螂环比现金流量表

项　　目	2016年	2017年	2018年	2019年	平均发展速度
一、经营活动产生的现金流量					
销售商品、提供劳务收到的现金	102.59%	115.64%	116.69%	10.79%	−13.57%
收到的其他与经营活动有关的现金	434.84%	88.51%	39.38%	84.20%	61.73%
经营活动现金流入小计	103.02%	115.49%	116.37%	10.79%	−13.58%
购买商品、接受劳务支付的现金	97.32%	111.76%	111.92%	10.13%	−17.22%

续表

项　　目	2016年	2017年	2018年	2019年	平均发展速度
支付给职工以及为职工支付的现金	123.58%	98.74%	119.47%	14.76%	−10.86%
支付的各项税费	110.44%	97.38%	119.88%	10.90%	−15.35%
支付的其他与经营活动有关的现金	80.05%	114.33%	138.92%	8.68%	−14.51%
经营活动现金流出小计	100.33%	109.35%	113.59%	10.49%	−16.56%
经营活动产生的现金流量净额					
二、投资活动产生的现金流量					
收回投资所收到的现金	36.17%	275.43%	171.27%	76.39%	39.82%
取得投资收益所收到的现金	6 110.07%	198.81%	78.25%	1 497.77%	1 871.23%
处置固定资产、无形资产和其他长期资产所收回的现金净额	414.75%	2 667.98%	32.19%	678.87%	848.45%
处置子公司及其他营业单位收到的现金净额	—	119.23%	21.60%	−29.42%	—
收到的其他与投资活动有关的现金	139.60%	27.21%	140.54%	−4.01%	−24.17%
投资活动现金流入小计	38.01%	270.51%	167.52%	72.19%	37.06%
购建固定资产、无形资产和其他长期资产所支付的现金	110.78%	85.74%	115.01%	−5.45%	−23.48%
投资所支付的现金	50.23%	183.09%	167.22%	50.24%	12.70%
投资活动现金流出小计	51.78%	177.75%	165.84%	46.46%	10.46%
投资活动产生的现金流量净额					
三、筹资活动产生的现金流量					
吸收投资收到的现金	48.00%	11 608.75%	16.96%	2 842.61%	3 529.08%
取得借款收到的现金	2 996.75%	96.10%	122.99%	796.81%	903.16%
筹资活动现金流入小计	2 899.52%	113.27%	96.19%	742.33%	862.83%
偿还债务支付的现金	1 908.81%	306.36%	123.28%	505.11%	610.89%
分配股利、利润或偿付利息所支付的现金	68.85%	235.64%	104.40%	37.01%	11.48%
筹资活动现金流出小计	266.26%	290.59%	119.87%	102.41%	94.78%

续表

项　目	2016年	2017年	2018年	2019年	平均发展速度
筹资活动产生的现金流量净额					
四、汇率变动对现金及现金等价物的影响	226.59%	-47.19%	-400.72%	-140.42%	-190.44%
五、现金及现金等价物净增加额					
加：期初现金及现金等价物余额	51.72%	69.53%	153.73%	-7.71%	-33.18%
六、期末现金及现金等价物余额	69.53%	153.73%	143.48%	4.62%	-7.16%

要求：

对金螳螂进行环比现金流量表分析。

案例 2：

（1）伊利股份比较现金流量表如表 4-20 所示。

表 4-20　伊利股份比较现金流量表　　　单位：万元

项　目	2015年	2016年	2017年	2018年	2019年
一、经营活动产生的现金流量					
销售商品、提供劳务收到的现金	5 606 450	6 104 226	6 892 160	6 761 510	7 569 903
收取利息、手续费及佣金的现金	—	40 786	49 446	33 712	37 605
收到的税费返还	172	32	3	170	206
收到的其他与经营活动有关的现金	84 116	83 219	101 948	145 254	143 724
经营活动现金流入小计	5 690 738	6 228 263	7 043 557	6 940 646	7 751 438
购买商品、接受劳务支付的现金	4 435 293	4 953 182	5 084 316	4 598 671	5 793 474
存放中央银行和同业款项净增加额	—	180 643	-96 303	-41 189	57 848

续表

项　　目	2015年	2016年	2017年	2018年	2019年
支付利息、手续费及佣金的现金	—	—	—	—	14
支付给职工以及为职工支付的现金	393 858	497 888	633 662	600 151	596 927
支付的各项税费	250 611	273 984	365 451	392 174	462 934
支付的其他与经营活动有关的现金	63 501	78 918	102 782	109 105	139 611
经营活动现金流出小计	5 143 263	5 984 615	6 089 908	5 658 912	7 050 808
经营活动产生的现金流量净额	547 475	243 648	953 649	1 281 734	700 630
二、投资活动产生的现金流量					
收回投资所收到的现金	12 207	4 287	18 994	42 065	1 452
取得投资收益所收到的现金	13 431	11 102	6 354	13 321	5 314
处置固定资产、无形资产和其他长期资产所收回的现金净额	5 915	1 492	2 636	2 288	7 280
处置子公司及其他营业单位收到的现金净额	—	—	4 480	122 790	—
收到的其他与投资活动有关的现金	600 000	290 000	—	—	13 909
投资活动现金流入小计	631 553	306 881	32 464	180 464	27 955
购建固定资产、无形资产和其他长期资产所支付的现金	324 107	394 647	365 213	341 901	335 136
投资所支付的现金	43 156	12 100	15 945	148 924	4 500
取得子公司及其他营业单位支付的现金净额	288				
支付的其他与投资活动有关的现金	890 000	—	—	13 960	
投资活动现金流出小计	1 257 551	406 747	381 158	504 785	339 636
投资活动产生的现金流量净额	−625 998	−99 866	−348 694	−324 321	−311 681
三、筹资活动产生的现金流量					
吸收投资收到的现金	611 803	—	—	—	21 769
取得借款收到的现金	531 200	956 083	1 082 082	55 000	846 000
收到其他与筹资活动有关的现金	30 657	—	—	—	—

续表

项　　目	2015 年	2016 年	2017 年	2018 年	2019 年
筹资活动现金流入小计	1 173 660	956 083	1 082 082	55 000	867 769
偿还债务支付的现金	381 566	487 116	1 340 649	658 800	75 000
分配股利、利润或偿付利息所支付的现金	60 567	180 719	265 897	277 623	384 543
其中：子公司支付给少数股东的股利、利润	369	596	2 984	1 723	1 528
支付其他与筹资活动有关的现金	7 458	—	103 438	30	2 945
筹资活动现金流出小计	449 591	667 835	1 709 984	936 453	462 488
筹资活动产生的现金流量净额	724 069	288 248	−627 902	−881 453	405 281
四、汇率变动对现金及现金等价物的影响	−493	−13	−1 446	23 510	−39 772
五、现金及现金等价物净增加额	645 053	432 017	−24 393	99 470	754 458
加：期初现金及现金等价物余额	168 992	814 046	1 246 064	1 221 672	1 321 141
六、期末现金及现金等价物余额	814 045	1 246 063	1 221 671	1 321 142	2 075 599

要求：
对伊利股份进行比较现金流量表分析。

（2）伊利股份定比现金流量表如表 4-21 所示。

表 4-21　伊利股份定比现金流量表

项　　目	2015 年	2016 年	2017 年	2018 年	2019 年
一、经营活动产生的现金流量					
销售商品、提供劳务收到的现金	100.00%	108.88%	122.93%	120.60%	135.02%
收到的税费返还	100.00%	18.60%	1.74%	98.84%	119.77%
收到的其他与经营活动有关的现金	100.00%	98.93%	121.20%	172.68%	170.86%

续表

项　　目	2015年	2016年	2017年	2018年	2019年
经营活动现金流入小计	100.00%	109.45%	123.77%	121.96%	136.21%
购买商品、接受劳务支付的现金	100.00%	111.68%	114.63%	103.68%	130.62%
支付给职工以及为职工支付的现金	100.00%	126.41%	160.89%	152.38%	151.56%
支付的各项税费	100.00%	109.33%	145.82%	156.49%	184.72%
支付的其他与经营活动有关的现金	100.00%	124.28%	161.86%	171.82%	219.86%
经营活动现金流出小计	100.00%	116.36%	118.41%	110.03%	137.09%
经营活动产生的现金流量净额	100.00%	44.50%	174.19%	234.12%	127.97%
二、投资活动产生的现金流量					
收回投资所收到的现金	100.00%	35.12%	155.60%	344.60%	11.89%
取得投资收益所收到的现金	100.00%	82.66%	47.31%	99.18%	39.57%
处置固定资产、无形资产和其他长期资产所收回的现金净额	100.00%	25.22%	44.56%	38.68%	123.08%
投资活动现金流入小计	100.00%	48.59%	5.14%	28.57%	4.43%
购建固定资产、无形资产和其他长期资产所支付的现金	100.00%	121.76%	112.68%	105.49%	103.40%
投资所支付的现金	100.00%	28.04%	36.95%	345.08%	10.43%
投资活动现金流出小计	100.00%	32.34%	30.31%	40.14%	27.01%
投资活动产生的现金流量净额	100.00%	15.95%	55.70%	51.81%	49.79%
三、筹资活动产生的现金流量					
取得借款收到的现金	100.00%	179.99%	203.71%	10.35%	159.26%
筹资活动现金流入小计	100.00%	81.46%	92.20%	4.69%	73.94%
分配股利、利润或偿付利息所支付的现金	100.00%	298.38%	439.01%	458.37%	634.91%
其中：子公司支付给少数股东的股利、利润	100.00%	161.52%	808.67%	466.94%	414.09%
支付其他与筹资活动有关的现金	100.00%	—	1 386.94%	0.40%	39.49%
筹资活动现金流出小计	100.00%	148.54%	380.34%	208.29%	102.87%
筹资活动产生的现金流量净额	100.00%	39.81%	−86.72%	−121.74%	55.97%

续表

项　　目	2015年	2016年	2017年	2018年	2019年
四、汇率变动对现金及现金等价物的影响	100.00%	2.64%	293.31%	-4 768.7%	8 067.34%
五、现金及现金等价物净增加额	100.00%	66.97%	-3.78%	15.42%	116.96%
加：期初现金及现金等价物余额	100.00%	481.71%	737.35%	722.92%	781.78%
六、期末现金及现金等价物余额	100.00%	153.07%	150.07%	162.29%	254.97%

要求：

对伊利股份进行定比现金流量表分析。

(3) 伊利股份现金流量表环比趋势分析如表4-22所示。

表4-22　伊利股份环比现金流量表

项　　目	2016年	2017年	2018年	2019年	平均发展速度
一、经营活动产生的现金流量					
销售商品、提供劳务收到的现金	108.88%	112.91%	98.10%	111.96%	7.96%
收取利息、手续费及佣金的现金	—	121.23%	68.18%	111.55%	—
收到的税费返还	18.60%	9.38%	5 666.67%	121.18%	1 353.96%
收到的其他与经营活动有关的现金	98.93%	122.51%	142.48%	98.95%	15.72%
经营活动现金流入小计	109.45%	113.09%	98.54%	111.68%	8.19%
购买商品、接受劳务支付的现金	111.68%	102.65%	90.45%	125.98%	7.69%
存放中央银行和同业款项净增加额	—	-53.31%	42.77%	-140.45%	-137.75%
支付给职工以及为职工支付的现金	126.41%	127.27%	94.71%	99.46%	11.96%

续表

项　目	2016年	2017年	2018年	2019年	平均发展速度
支付的各项税费	109.33%	133.38%	107.31%	118.04%	17.02%
支付的其他与经营活动有关的现金	124.28%	130.24%	106.15%	127.96%	22.16%
经营活动现金流出小计	116.36%	101.76%	92.92%	124.60%	8.91%
经营活动产生的现金流量净额	44.50%	391.40%	134.40%	54.66%	56.24%
二、投资活动产生的现金流量					
收回投资所收到的现金	35.12%	443.06%	221.46%	3.45%	75.77%
取得投资收益所收到的现金	82.66%	57.23%	209.65%	39.89%	−2.64%
处置固定资产、无形资产和其他长期资产所收回的现金净额	25.22%	176.68%	86.80%	318.18%	51.72%
处置子公司及其他营业单位收到的现金净额	—	—	2 740.85%	—	—
收到的其他与投资活动有关的现金	48.33%	—	—	—	—
投资活动现金流入小计	48.59%	10.58%	555.89%	15.49%	57.64%
购建固定资产、无形资产和其他长期资产所支付的现金	121.76%	92.54%	93.62%	98.02%	1.49%
投资所支付的现金	28.04%	131.78%	933.99%	3.02%	174.21%
投资活动现金流出小计	32.34%	93.71%	132.43%	67.28%	−18.56%
投资活动产生的现金流量净额	15.95%	349.17%	93.01%	96.10%	38.56%
三、筹资活动产生的现金流量					
取得借款收到的现金	179.99%	113.18%	5.08%	1 538.18%	359.11%
筹资活动现金流入小计	81.46%	113.18%	5.08%	1 577.76%	344.37%
偿还债务支付的现金	127.66%	275.22%	49.14%	11.38%	15.85%
分配股利、利润或偿付利息所支付的现金	298.38%	147.13%	104.41%	138.51%	72.11%
其中：子公司支付给少数股东的股利、利润	161.52%	500.67%	57.74%	88.68%	102.15%
支付其他与筹资活动有关的现金	—	—	0.03%	9 816.67%	—
筹资活动现金流出小计	148.54%	256.05%	54.76%	49.39%	27.19%

续表

项目	2016年	2017年	2018年	2019年	平均发展速度
筹资活动产生的现金流量净额	39.81%	-217.83%	140.38%	-45.98%	-120.91%
四、汇率变动对现金及现金等价物的影响	2.64%	11 123.0%	-1 625.8%	-169.17%	2 232.67%
五、现金及现金等价物净增加额	66.97%	-5.65%	-407.79%	758.48%	3.01%
加：期初现金及现金等价物余额	481.71%	153.07%	98.04%	108.14%	110.24%
六、期末现金及现金等价物余额	153.07%	98.04%	108.14%	157.11%	29.09%

要求：

对伊利股份进行环比现金流量表分析。

案例3：

（1）红宝丽比较现金流量表如表4-23所示。

表4-23　红宝丽比较现金流量表　　　　　金额单位：万元

项目	2015年	2016年	2017年	2018年	2019年
一、经营活动产生的现金流量					
销售商品、提供劳务收到的现金	146 063	173 724	151 712	144 164	159 676
收到的税费返还	2 889	2 471	4 379	6 153	6 550
收到的其他与经营活动有关的现金	1 160	877	1 208	2 868	1 437
经营活动现金流入小计	150 112	177 072	157 299	153 185	167 663
购买商品、接受劳务支付的现金	122 597	134 155	116 093	119 401	154 837
支付给职工以及为职工支付的现金	7 283	7 567	8 417	9 251	9 749
支付的各项税费	5 698	7 718	9 062	8 141	5 326
支付的其他与经营活动有关的现金	3 984	4 094	4 391	4 736	5 323
经营活动现金流出小计	139 562	153 534	137 963	141 529	175 235

续表

项　　目	2015年	2016年	2017年	2018年	2019年
经营活动产生的现金流量净额	10 550	23 538	19 336	11 656	−7 572
二、投资活动产生的现金流量					
收回投资所收到的现金	—	—	—	578	8 724
取得投资收益所收到的现金				—	—
处置固定资产、无形资产和其他长期资产所收回的现金净额	81	135	188	8 747	35
收到的其他与投资活动有关的现金	—	—	—	373	1 528
投资活动现金流入小计	81	135	188	9 325	10 287
购建固定资产、无形资产和其他长期资产所支付的现金	9 045	7 664	18 057	17 861	52 110
投资所支付的现金	—	1 000	—	6 500	2 224
投资活动现金流出小计	9 045	8 664	18 057	24 361	54 334
投资活动产生的现金流量净额	−8 964	−8 529	−17 869	−15 036	−44 047
三、筹资活动产生的现金流量					
吸收投资收到的现金	—	—	—	36 690	750
取得借款收到的现金	60 354	54 711	57 764	41 615	71 161
收到其他与筹资活动有关的现金	—	—	500	—	2 600
筹资活动现金流入小计	60 354	54 711	58 264	78 678	74 511
偿还债务支付的现金	62 010	65 850	53 038	43 615	42 269
分配股利、利润或偿付利息所支付的现金	7 400	5 820	6 901	2 377	7 402
支付其他与筹资活动有关的现金	202	678	601	1 261	—
筹资活动现金流出小计	69 612	72 348	60 540	47 253	49 671
筹资活动产生的现金流量净额	−9 258	−17 637	−2 276	31 425	24 840
四、汇率变动对现金及现金等价物的影响	0	0	162	403	−410
五、现金及现金等价物净增加额	−7 672	−2 628	−647	28 448	−27 189
加：期初现金及现金等价物余额	20 562	12 892	10 264	9 615	38 063
六、期末现金及现金等价物余额	12 890	10 264	9 617	38 063	10 874

要求：
对红宝丽进行比较现金流量表分析。

（2）红宝丽现金流量表定比趋势分析表如表4-24所示。

表4-24 红宝丽现金流量表定比分析表

项 目	2015年	2016年	2017年	2018年	2019年
一、经营活动产生的现金流量					
销售商品、提供劳务收到的现金	100%	118.94%	103.87%	98.70%	109.32%
收到的税费返还	100%	85.53%	151.57%	212.98%	226.72%
收到的其他与经营活动有关的现金	100%	75.60%	104.14%	247.24%	123.97%
经营活动现金流入小计	100%	117.96%	104.79%	102.05%	111.69%
购买商品、接受劳务支付的现金	100%	109.43%	94.69%	97.39%	126.30%
支付给职工以及为职工支付的现金	100%	103.90%	115.57%	127.02%	133.87%
支付的各项税费	100%	135.45%	159.04%	142.89%	93.47%
支付的其他与经营活动有关的现金	100%	102.76%	110.22%	118.90%	133.63%
经营活动现金流出小计	100%	110.01%	98.86%	101.41%	125.56%
经营活动产生的现金流量净额	100%	223.09%	183.24%	110.45%	-71.77%
二、投资活动产生的现金流量					
收回投资所收到的现金	—	—	—	—	—
取得投资收益所收到的现金	—	—	—	—	—
处置固定资产、无形资产和其他长期资产所收回的现金净额	100%	166.67%	232.10%	10 800.00%	43.21%
收到的其他与投资活动有关的现金	—	—	—	—	—
投资活动现金流入小计	100%	166.67%	232.10%	11 974.07%	12 700.00%

续表

项　　目	2015年	2016年	2017年	2018年	2019年
购建固定资产、无形资产和其他长期资产所支付的现金	100%	84.73%	199.64%	197.48%	576.13%
投资所支付的现金					
投资活动现金流出小计	100%	95.79%	199.64%	269.34%	600.72%
投资活动产生的现金流量净额	100%	95.17%	199.35%	163.59%	491.43%
三、筹资活动产生的现金流量					
吸收投资收到的现金	—	—	—	—	—
取得借款收到的现金	100%	90.65%	95.71%	68.95%	117.91%
收到其他与筹资活动有关的现金	—	—	—	—	—
筹资活动现金流入小计	100%	90.65%	96.54%	129.75%	123.46%
偿还债务支付的现金	100%	106.19%	85.53%	70.34%	68.17%
分配股利、利润或偿付利息所支付的现金	100%	78.65%	93.26%	32.12%	100.04%
支付其他与筹资活动有关的现金	100%	335.64%	297.52%	624.26%	—
筹资活动现金流出小计	100%	103.93%	86.97%	67.88%	71.36%
筹资活动产生的现金流量净额	100%	190.49%	24.58%	−335.41%	−268.30%
四、汇率变动对现金及现金等价物的影响					
五、现金及现金等价物净增加额	100%	34.26%	8.45%	−370.90%	354.51%
加：期初现金及现金等价物余额	100%	62.70%	49.92%	46.77%	185.11%
六、期末现金及现金等价物余额	100%	79.62%	74.59%	295.25%	84.33%

要求：

对红宝丽进行定比现金流量表分析。

(3) 红宝丽现金流量表环比趋势分析如表 4-25 所示。

表 4-25 红宝丽现金流量表环比分析表

项 目	2016 年	2017 年	2018 年	2019 年	平均发展速度
一、经营活动产生的现金流量					
销售商品、提供劳务收到的现金	118.94%	87.33%	95.03%	110.76%	3.01%
收到的税费返还	85.53%	177.22%	140.51%	106.45%	27.43%
收到的其他与经营活动有关的现金	75.60%	137.74%	237.42%	50.14%	25.23%
经营活动现金流入小计	117.96%	88.83%	97.39%	109.45%	3.41%
购买商品、接受劳务支付的现金	109.43%	86.54%	102.85%	129.68%	7.12%
支付给职工以及为职工支付的现金	103.90%	111.23%	109.91%	105.39%	7.61%
支付的各项税费	135.45%	117.41%	89.85%	65.41%	2.03%
支付的其他与经营活动有关的现金	102.76%	107.25%	107.88%	112.39%	7.57%
经营活动现金流出小计	110.01%	89.86%	102.59%	123.81%	6.57%
经营活动产生的现金流量净额	223.09%	82.14%	60.28%	−64.97%	−24.87%
二、投资活动产生的现金流量					
收回投资所收到的现金	—	—	—	—	—
取得投资收益所收到的现金	—	—	—	—	—
处置固定资产、无形资产和其他长期资产所收回的现金净额	166.67%	139.26%	4 653.19%	0.40%	1 139.88%
收到的其他与投资活动有关的现金	—	—	—	409.65%	—
投资活动现金流入小计	166.67%	139.26%	5 159.04%	106.06%	1 292.76%
购建固定资产、无形资产和其他长期资产所支付的现金	84.73%	235.61%	98.92%	291.74%	77.75%
投资所支付的现金	—	—	—	—	—
投资活动现金流出小计	95.79%	208.41%	134.92%	223.03%	65.54%
投资活动产生的现金流量净额	95.17%	209.47%	82.06%	300.40%	71.77%
三、筹资活动产生的现金流量					
吸收投资收到的现金	—	—	—	—	—
取得借款收到的现金	90.65%	105.58%	72.04%	171.00%	9.82%

续表

项　　目	2016年	2017年	2018年	2019年	平均发展速度
收到其他与筹资活动有关的现金	—	—	—	—	—
筹资活动现金流入小计	90.65%	106.49%	134.40%	95.15%	6.67%
偿还债务支付的现金	106.19%	80.54%	82.24%	96.91%	-8.53%
分配股利、利润或偿付利息所支付的现金	78.65%	118.57%	34.44%	311.44%	35.78%
支付其他与筹资活动有关的现金	335.64%	88.64%	209.82%	—	—
筹资活动现金流出小计	103.93%	83.68%	78.05%	105.12%	-7.30%
筹资活动产生的现金流量净额	190.49%	12.91%	-1 364.32%	79.99%	-370.23%
四、汇率变动对现金及现金等价物的影响					
五、现金及现金等价物净增加额	34.26%	24.66%	-4 390.12%	-95.58%	-1 206.70%
加：期初现金及现金等价物余额	62.70%	79.62%	93.69%	395.83%	57.96%
六、期末现金及现金等价物余额	79.62%	93.69%	395.83%	28.56%	49.42%

要求：

对红宝丽进行环比现金流量表分析。

案例4：

（1）法尔胜比较现金流量表如表4-26所示。

表4-26　法尔胜比较现金流量表　　　　　　　　　　　单位：万元

项　　目	2015年	2016年	2017年	2018年	2019年
一、经营活动产生的现金流量					
销售商品、提供劳务收到的现金	127 900	143 660	108 409	184 302	190 191
收到的税费返还	55	31	89	56	
收到其他与经营活动有关的现金	1 458	5 837	1 054	2 624	1 276

续表

项　目	2015年	2016年	2017年	2018年	2019年
经营活动现金流入小计	129 413	149 528	109 552	186 982	191 467
购买商品、接受劳务支付的现金	106 438	87 670	69 467	116 387	67 081
支付给职工以及为职工支付的现金	16 211	15 657	14 746	14 631	9 987
支付的各项税费	9 934	8 106	7 612	8 458	8 997
支付其他与经营活动有关的现金	7 936	8 811	8 353	8 862	8 332
经营活动现金流出小计	140 519	120 244	100 178	148 338	94 397
经营活动产生的现金流量净额	−11 106	29 284	9 374	38 644	97 070
二、投资活动产生的现金流量					
收回投资收到的现金	0	682	6 800	214 700	484 727
取得投资收益所收到的现金	1 280	919	849	5 047	560
处置固定资产、无形资产和其他长期资产收回的现金净额	805	835	375	29	876
投资活动现金流入小计	2 085	2 436	8 024	219 776	486 163
购建固定资产、无形资产和其他长期资产支付的现金	4 288	8 521	5 228	2 541	2 632
投资活动现金流出小计	4 288	8 521	5 228	2 541	2 632
投资活动产生的现金流量净额	−2 203	−6 085	2 796	217 235	483 531
三、筹资活动产生的现金流量					
取得借款收到的现金	162 861	150 025	117 380	751 300	954 103
收到其他与筹资活动有关的现金	3 486	3 736	2 821	62 974	415 716
筹资活动现金流入小计	166 347	153 761	120 201	814 274	1 369 819
偿还债务支付的现金	128 140	172 082	134 400	500 440	956 443
分配股利、利润或偿付利息支付的现金	8 784	9 483	6 391	5 126	14 611
其中：子公司支付给少数股东的股利	200	200	200	200	0

续表

项　目	2015年	2016年	2017年	2018年	2019年
筹资活动现金流出小计	136 924	181 565	140 791	505 566	971 054
筹资活动产生的现金流量净额	29 423	-27 804	-20 590	308 708	398 765
四、汇率变动对现金及现金等价物的影响	-6 299	0	0	0	0
五、现金及现金等价物净增加额	9 815	-4 605	-8 420	564 587	979 366
加：期初现金及现金等价物余额	13 470	23 144	21 620	18 533	38 496
六、期末现金及现金等价物余额	23 285	18 539	13 200	583 120	1 017 862

要求：

对法尔胜制造公司进行比较现金流量表分析。

(2) 法尔胜现金流量表定比趋势分析表如表4-27所示。

表4-27　法尔胜定比现金流量表　　　　　　　　　　　单位：万元

项　目	2015年	2016年	2017年	2018年	2019年
一、经营活动产生的现金流量：					
销售商品、提供劳务收到的现金	100.00%	112.32%	84.76%	144.10%	148.70%
收到的税费返还	100.00%	56.36%	161.82%	101.82%	0.00%
收到其他与经营活动有关的现金	100.00%	400.34%	72.29%	179.97%	87.52%
经营活动现金流入小计	100.00%	115.54%	84.65%	144.48%	147.95%
购买商品、接受劳务支付的现金	100.00%	82.37%	65.27%	109.35%	63.02%
支付给职工以及为职工支付的现金	100.00%	96.58%	90.96%	90.25%	61.61%
支付的各项税费	100.00%	81.59%	76.63%	85.14%	90.57%

续表

项　目	2015年	2016年	2017年	2018年	2019年
支付其他与经营活动有关的现金	100.00%	111.03%	105.26%	111.67%	104.99%
经营活动现金流出小计	100.00%	85.57%	71.29%	105.56%	67.18%
经营活动产生的现金流量净额	100.00%	−263.68%	−84.40%	347.96%	−874.03%
二、投资活动产生的现金流量					
收回投资收到的现金					
取得投资收益所收到的现金	100.00%	71.80%	66.33%	394.30%	43.75%
处置固定资产、无形资产和其他长期资产收回的现金净额	100.00%	103.73%	46.58%	3.60%	108.82%
投资活动现金流入小计	100.00%	116.83%	384.84%	10 540.82%	23 317.17%
购建固定资产、无形资产和其他长期资产支付的现金	100.00%	198.72%	121.92%	59.26%	61.38%
投资活动现金流出小计	100.00%	198.72%	121.92%	59.26%	61.38%
投资活动产生的现金流量净额	100.00%	276.21%	−126.92%	−9 860.87%	−21 948.75%
三、筹资活动产生的现金流量					
取得借款收到的现金	100.00%	92.12%	72.07%	461.31%	585.84%
收到其他与筹资活动有关的现金	100.00%	107.17%	80.92%	1 806.48%	11 925.30%
筹资活动现金流入小计	100.00%	92.43%	72.26%	489.50%	823.47%
偿还债务支付的现金	100.00%	134.29%	104.89%	390.54%	746.40%
分配股利、利润或偿付利息支付的现金	100.00%	107.96%	72.76%	58.36%	166.34%
其中：子公司支付给少数股东的股利、利润	100.00%	100.00%	100.00%	100.00%	0.00%
筹资活动现金流出小计	100.00%	132.60%	102.82%	369.23%	709.19%
筹资活动产生的现金流量净额	100.00%	−94.50%	−69.98%	1 049.21%	1 355.28%
四、汇率变动对现金及现金等价物的影响	100.00%	0.00%	0.00%	0.00%	0.00%
五、现金及现金等价物净增加额	100.00%	−46.92%	−85.79%	5 752.29%	9 978.26%
加：期初现金及现金等价物余额	100.00%	171.82%	160.50%	137.59%	285.79%
六、期末现金及现金等价物余额	100.00%	79.62%	56.69%	2 504.27%	4 371.32%

要求:

对法尔胜进行定比现金流量表分析。

(3) 法尔胜现金流量表环比趋势分析表如表4-28所示。

表4-28 法尔胜环比现金流量表　　　　　　　　　　　　　单位：万元

项　目	2016年	2017年	2018年	2019年	平均发展速度
一、经营活动产生的现金流量					
销售商品、提供劳务收到的现金	112.32%	75.46%	170.01%	103.20%	15.25%
收到的税费返还	56.36%	287.10%	62.92%	0.00%	1.60%
收到其他与经营活动有关的现金	400.34%	18.06%	248.96%	48.63%	79.00%
经营活动现金流入小计	115.54%	73.27%	170.68%	102.40%	15.47%
购买商品、接受劳务支付的现金	82.37%	79.24%	167.54%	57.64%	−3.30%
支付给职工以及为职工支付的现金	96.58%	94.18%	99.22%	68.26%	−10.44%
支付的各项税费	81.60%	93.91%	111.11%	106.37%	−1.75%
支付其他与经营活动有关的现金	111.03%	94.80%	106.09%	94.02%	1.49%
经营活动现金流出小计	85.57%	83.31%	148.07%	63.64%	−4.85%
经营活动产生的现金流量净额	−263.68%	32.01%	412.25%	251.19%	7.94%
二、投资活动产生的现金流量					
收回投资收到的现金	—	997.07%	3 157.35%	225.77%	—
取得投资收益所收到的现金	71.80%	92.38%	594.46%	11.10%	92.43%
处置固定资产、无形资产和其他长期资产收回的现金净额	103.73%	44.91%	7.73%	3 020.69%	694.26%
投资活动现金流入小计	116.83%	329.39%	2 738.98%	221.21%	751.60%

续表

项　　目	2016 年	2017 年	2018 年	2019 年	平均发展速度
购建固定资产、无形资产和其他长期资产支付的现金	198.72%	61.35%	48.60%	103.58%	3.06%
投资活动现金流出小计	198.72%	61.35%	48.60%	103.58%	3.06%
投资活动产生的现金流量净额	276.21%	−45.95%	7 769.49%	222.58%	1 955.59%
三、筹资活动产生的现金流量					
取得借款收到的现金	92.12%	78.24%	640.06%	126.99%	134.35%
收到其他与筹资活动有关的现金	107.17%	75.51%	2 232.33%	660.14%	668.79%
筹资活动现金流入小计	92.43%	78.17%	677.43%	168.23%	154.07%
偿还债务支付的现金	134.29%	78.10%	372.35%	191.12%	93.97%
分配股利、利润或偿付利息支付的现金	107.96%	67.39%	80.21%	285.04%	35.15%
其中：子公司支付给少数股东的股利、利润	100.00%	100.00%	100.00%	0.00%	−25.00%
筹资活动现金流出小计	132.60%	77.54%	359.09%	192.07%	90.33%
筹资活动产生的现金流量净额	−94.50%	74.05%	−1 499.31%	129.17%	−447.65%
四、汇率变动对现金及现金等价物的影响	0.00%	—	—	—	—
五、现金及现金等价物净增加额	−46.92%	182.84%	−6 705.31%	173.47%	−1 698.98%
加：期初现金及现金等价物余额	171.82%	93.42%	85.72%	207.72%	39.67%
六、期末现金及现金等价物余额	79.62%	71.20%	4 417.58%	174.55%	1 085.74%

要求：

对法尔胜进行环比现金流量表分析。

案例 5：

（1）雅克科技比较现金流量表如表 4-29 所示。

表 4-29　雅克科技比较现金流量表　　　　　单位：万元

项　　目	2015 年	2016 年	2017 年	2018 年	2019 年
一、经营活动产生的现金流量					
销售商品、提供劳务收到的现金	115 537	140 198	84 278	67 439	89 438
收到的税费返还	3 580	2 257	3 958	2 463	2 844
收到的其他与经营活动有关的现金	706	137	1 145	528	1 182
经营活动现金流入小计	119 823	142 592	89 381	70 430	93 464
购买商品、接受劳务支付的现金	108 653	101 844	58 154	43 091	69 063
支付给职工以及为职工支付的现金	4 802	5 398	5 631	5 733	7 228
支付的各项税费	4 596	4 635	4 166	4 115	4 416
支付的其他与经营活动有关的现金	4 759	13 913	9 378	10 420	12 189
经营活动现金流出小计	122 810	125 790	77 329	63 359	92 896
经营活动产生的现金流量净额	-2 987	16 802	12 051	7 071	568
二、投资活动产生的现金流量					
收回投资所收到的现金	—	2 012	22 129	9 453	3 048
取得投资收益所收到的现金	1 346	2 556	3 412	1 687	267
处置固定资产、无形资产和其他长期资产所收回的现金净额	5	501	—	12	19
收到的其他与投资活动有关的现金	335 374	376 351	205 101	323 656	62 637
投资活动现金流入小计	336 725	381 420	230 642	334 808	65 971
购建固定资产、无形资产和其他长期资产所支付的现金	2 834	8 420	9 609	4 795	7 376
投资所支付的现金	—	2 029	32 129	42 070	3 338
支付的其他与投资活动有关的现金	380 500	386 266	208 637	280 911	50 143

续表

项　　目	2015 年	2016 年	2017 年	2018 年	2019 年
投资活动现金流出小计	383 334	396 715	250 374	327 776	60 857
投资活动产生的现金流量净额	−46 609	−15 295	−19 733	7 032	5 114
三、筹资活动产生的现金流量					
吸收投资收到的现金	—	—	—	—	395
取得借款收到的现金	2 874	22 041	32 717	8 892	22 110
收到其他与筹资活动有关的现金	—	—	13 178	—	—
筹资活动现金流入小计	2 874	22 041	45 895	8 892	22 505
偿还债务支付的现金	2 874	8 862	29 402	22 484	26 782
分配股利、利润或偿付利息所支付的现金	2 516	2 447	2 233	2 800	1 216
支付其他与筹资活动有关的现金	—	13 178	—	—	700
筹资活动现金流出小计	5 390	24 487	31 635	25 284	28 698
筹资活动产生的现金流量净额	−2 516	−2 446	14 260	−16 392	−6 193
四、汇率变动对现金及现金等价物的影响	—	−1 176	−221	510	−267
五、现金及现金等价物净增加额	−52 112	−2 115	6 358	−1 779	−778
加：期初现金及现金等价物余额	66 070	13 959	11 842	18 201	16 421
六、期末现金及现金等价物余额	13 958	11 844	18 200	16 422	15 643

要求：

对雅克科技进行比较现金流量表分析。

(2) 雅克科技现金流量表定比趋势分析表如表 4-30 所示。

表 4-30 雅克科技定比现金流量表　　　　单位：万元

项　　目	2015 年	2016 年	2017 年	2018 年	2019 年
一、经营活动产生的现金流量					
销售商品、提供劳务收到的现金	100.00%	121.34%	72.94%	58.37%	77.41%
收到的税费返还	100.00%	63.04%	110.56%	68.80%	79.44%
收到其他与经营活动有关的现金	100.00%	19.41%	162.18%	74.79%	167.42%
经营活动现金流入小计	100.00%	119.00%	74.59%	58.78%	78.00%
购买商品、接受劳务支付的现金	100.00%	93.73%	53.52%	39.66%	63.56%
支付给职工以及为职工支付的现金	100.00%	112.41%	117.26%	119.39%	150.52%
支付的各项税费	100.00%	100.85%	90.64%	89.53%	96.08%
支付其他与经营活动有关的现金	100.00%	292.35%	197.06%	218.95%	256.13%
经营活动现金流出小计	100.00%	102.43%	62.97%	51.59%	75.64%
经营活动产生的现金流量净额	100.00%	−562.50%	−403.45%	−236.73%	−19.02%
二、投资活动产生的现金流量					
取得投资收益收到的现金	100.00%	189.90%	253.49%	125.33%	19.84%
处置固定资产、无形资产和其他长期资产收回的现金净额	100.00%	10 020.00%	—	240.00%	380.00%
收到其他与投资活动有关的现金	100.00%	112.22%	61.16%	96.51%	18.68%
投资活动现金流入小计	100.00%	113.27%	68.50%	99.43%	19.59%
购建固定资产、无形资产和其他长期资产支付的现金	100.00%	297.11%	339.06%	169.20%	260.27%
支付其他与投资活动有关的现金	100.00%	101.52%	54.83%	73.83%	13.18%
投资活动现金流出小计	100.00%	103.49%	65.31%	85.51%	15.88%
投资活动产生的现金流量净额	100.00%	32.82%	42.34%	−15.09%	−10.97%
三、筹资活动产生的现金流量					
取得借款收到的现金	100.00%	766.91%	1 138.38%	309.39%	769.31%
筹资活动现金流入小计	100.00%	766.91%	1 596.90%	309.39%	783.05%

续表

项目	2015年	2016年	2017年	2018年	2019年
偿还债务支付的现金	100.00%	308.35%	1 023.03%	782.32%	931.87%
分配股利、利润或偿付利息支付的现金	100.00%	97.26%	88.75%	111.29%	48.33%
筹资活动现金流出小计	100.00%	454.32%	586.92%	469.09%	532.43%
筹资活动产生的现金流量净额	100.00%	97.22%	−566.77%	651.51%	246.14%
四、现金及现金等价物净增加额	100.00%	4.06%	−12.20%	3.41%	1.49%
加：期初现金及现金等价物余额	100.00%	21.13%	17.92%	27.55%	24.85%
五、期末现金及现金等价物余额	100.00%	84.85%	130.39%	117.65%	112.07%

要求：

对雅克科技进行定比现金流量表分析。

（3）雅克科技现金流量表环比趋势分析表如表4-31所示。

表4-31 雅克科技环比现金流量表　　　　单位：万元

项目	2016年	2017年	2018年	2019年	平均发展速度
一、经营活动产生的现金流量					
销售商品、提供劳务收到的现金	121.34%	60.11%	80.02%	132.62%	−1.48%
收到的税费返还	63.04%	175.37%	62.23%	115.47%	4.03%
收到的其他与经营活动有关的现金	19.41%	835.77%	46.11%	223.86%	181.29%
经营活动现金流入小计	119.00%	62.68%	78.80%	132.70%	−1.70%
购买商品、接受劳务支付的现金	93.73%	57.10%	74.10%	160.27%	−3.70%
支付给职工以及为职工支付的现金	112.41%	104.32%	101.81%	126.08%	11.15%

续表

项　目	2016年	2017年	2018年	2019年	平均发展速度
支付的各项税费	100.85%	89.88%	98.78%	107.31%	−0.79%
支付的其他与经营活动有关的现金	292.35%	67.40%	111.11%	116.98%	46.96%
经营活动现金流出小计	102.43%	61.47%	81.93%	146.62%	−1.89%
经营活动产生的现金流量净额	−562.50%	71.72%	58.68%	8.03%	−206.02%
二、投资活动产生的现金流量					
收回投资所收到的现金	—	1 099.85%	42.72%	32.24%	—
取得投资收益所收到的现金	189.90%	133.49%	49.44%	15.83%	−2.84%
处置固定资产、无形资产和其他长期资产所收回的现金净额	10 020.00%	—	—	158.33%	—
收到的其他与投资活动有关的现金	112.22%	54.50%	157.80%	19.35%	−14.03%
投资活动现金流入小计	113.27%	60.47%	145.16%	19.70%	−15.35%
购建固定资产、无形资产和其他长期资产所支付的现金	297.11%	114.12%	49.90%	153.83%	53.74%
投资所支付的现金	—	1 583.49%	130.94%	7.93%	—
支付的其他与投资活动有关的现金	101.52%	54.01%	134.64%	17.85%	−22.99%
投资活动现金流出小计	103.49%	63.11%	130.91%	18.57%	−20.98%
投资活动产生的现金流量净额	32.82%	129.02%	−35.64%	72.72%	−50.27%
三、筹资活动产生的现金流量					
取得借款收到的现金	766.91%	148.44%	27.18%	248.65%	197.79%
筹资活动现金流入小计	766.91%	208.23%	19.37%	253.09%	211.90%
偿还债务支付的现金	308.35%	331.78%	76.47%	119.12%	108.93%
分配股利、利润或偿付利息所支付的现金	97.26%	91.25%	125.39%	43.43%	−10.67%
支付其他与筹资活动有关的现金	—	—	—	—	—
筹资活动现金流出小计	454.30%	129.19%	79.92%	113.50%	94.23%

续表

项　目	2016年	2017年	2018年	2019年	平均发展速度
筹资活动产生的现金流量净额	97.22%	−582.99%	−114.95%	37.78%	−240.74%
四、汇率变动对现金及现金等价物的影响	—	18.79%	−230.77%	−52.35%	—
五、现金及现金等价物净增加额	4.06%	−300.61%	−27.98%	43.73%	−170.20%
加：期初现金及现金等价物余额	21.13%	84.83%	153.70%	90.22%	−12.53%
六、期末现金及现金等价物余额	84.85%	153.66%	90.23%	95.26%	6.00%

要求：

对雅克科技进行环比现金流量表分析。

案例6：

（1）江苏阳光比较现金流量表如表4-32所示。

表4-32　江苏阳光比较现金流量表　　　　单位：万元

项　目	2015年	2016年	2017年	2018年	2019年
一、经营活动产生的现金流量					
销售商品、提供劳务收到的现金	264 803	261 734	191 906	243 115	229 792
收到的税费返还	1 417	918	1 218	1 242	2 426
收到的其他与经营活动有关的现金	2 107	1 645	2 500	1 269	2 707
经营活动现金流入小计	268 327	264 297	195 624	245 628	234 926
购买商品、接受劳务支付的现金	176 212	187 969	94 178	158 633	135 981
支付给职工以及为职工支付的现金	30 035	33 826	34 213	34 589	36 607
支付的各项税费	10 067	9 634	8 987	10 664	7 850

续表

项　目	2015 年	2016 年	2017 年	2018 年	2019 年
支付的其他与经营活动有关的现金	10 895	10 894	10 162	14 112	14 991
经营活动现金流出小计	227 209	242 323	147 540	217 998	195 429
经营活动产生的现金流量净额	41 118	21 974	48 084	27 628	39 496
二、投资活动产生的现金流量					
收回投资所收到的现金	344	0.00	0.00	62 652	3 000
取得投资收益所收到的现金	45	178	2 746	2 472	102
处置固定资产、无形资产和其他长期资产所收回的现金净额	150	59	7	961	18
收到的其他与投资活动有关的现金	0.00	0.00	0.00	0.00	5 300
投资活动现金流入小计	539	237	2 753	66 085	8 420
购建固定资产、无形资产和其他长期资产所支付的现金	13 047	10 768	11 100	25 152	6 340
投资所支付的现金	0.00	7 399	60 000	25 452	0.00
支付的其他与投资活动有关的现金	0.00	0.00	0.00	0.00	0.00
投资活动现金流出小计	13 047	18 167	71 100	50 604	6 340
投资活动产生的现金流量净额	−12 508	−17 930	−68 347	15 481	2 080
三、筹资活动产生的现金流量					
取得借款收到的现金	247 515	244 684	266 200	184 200	210 867
收到的其他与筹资活动有关的现金	0.00	37 508	1 828	216	0.00
筹资活动现金流入小计	247 515	282 192	268 028	184 416	210 867
偿还债务支付的现金	268 195	249 034	242 050	171 300	206 200
分配股利、利润或偿付利息所支付的现金	11 862	12 467	7 328	13 164	13 121
支付的其他与筹资活动有关的现金	23 436	12 141	10 935	7 883	6 020
筹资活动现金流出小计	303 493	273 642	260 313	192 347	225 341

续表

项 目	2015年	2016年	2017年	2018年	2019年
筹资活动产生的现金流量净额	−55 978	8 550	7 715	−7 931	−14 474
四、汇率变动对现金及现金等价物的影响	4	−122	944	1 316	−2 249
五、现金及现金等价物净增加额	−27 364	12 472	−11 604	36 494	24 853
加：期初现金及现金等价物余额	53 701	26 335	38 805	27 202	63 697
六、期末现金及现金等价物余额	26 337	38 807	27 201	63 696	88 550

要求：

对江苏阳光进行比较现金流量表分析。

(2) 江苏阳光现金流量表定比趋势分析表如表4-33。

表4-33　江苏阳光定比现金流量表　　　　　　单位：万元

项 目	2015年	2016年	2017年	2018年	2019年
一、经营活动产生的现金流量					
销售商品、提供劳务收到的现金	100.00%	98.84%	72.47%	91.81%	86.78%
收到的税费返还	100.00%	64.78%	85.96%	87.65%	171.21%
收到的其他与经营活动有关的现金	100.00%	78.07%	118.65%	60.25%	128.47%
经营活动现金流入小计	100.00%	98.50%	72.91%	91.54%	87.55%
购买商品、接受劳务支付的现金	100.00%	106.67%	53.45%	90.02%	77.17%
支付给职工以及为职工支付的现金	100.00%	112.62%	113.91%	115.16%	121.88%
支付的各项税费	100.00%	95.70%	89.27%	105.93%	77.98%
支付的其他与经营活动有关的现金	100.00%	99.99%	93.27%	129.53%	137.60%

续表

项　　目	2015年	2016年	2017年	2018年	2019年
经营活动现金流出小计	100.00%	106.65%	64.94%	95.95%	86.01%
经营活动产生的现金流量净额	100.00%	53.44%	116.94%	67.19%	96.06%
二、投资活动产生的现金流量					
收回投资所收到的现金	100.00%	0.00%	0.00%	18 212.79%	872.09%
取得投资收益所收到的现金	100.00%	395.56%	6 102.22%	5 493.33%	226.67%
处置固定资产、无形资产和其他长期资产所收回的现金净额	100.00%	39.33%	4.67%	640.67%	12.00%
投资活动现金流入小计	100.00%	43.97%	510.76%	12 260.67%	1 562.15%
购建固定资产、无形资产和其他长期资产所支付的现金	100.00%	82.53%	85.08%	192.78%	48.59%
支付的其他与投资活动有关的现金	—	—	—	—	—
投资活动现金流出小计	100.00%	139.24%	544.95%	387.86%	48.59%
投资活动产生的现金流量净额	100.00%	143.35%	546.43%	−123.77%	−16.63%
三、筹资活动产生的现金流量					
取得借款收到的现金	100.00%	98.86%	107.55%	74.42%	85.19%
筹资活动现金流入小计	100.00%	114.01%	108.29%	74.51%	85.19%
偿还债务支付的现金	100.00%	92.86%	90.25%	63.87%	76.88%
分配股利、利润或偿付利息所支付的现金	100.00%	105.10%	61.78%	110.98%	110.61%
支付的其他与筹资活动有关的现金	100.00%	51.80%	46.66%	33.64%	25.69%
筹资活动现金流出小计	100.00%	90.16%	85.77%	63.38%	74.25%
筹资活动产生的现金流量净额	100.00%	−15.27%	−13.78%	14.17%	25.86%
四、汇率变动对现金及现金等价物的影响	100.00%	−3 050.00%	23 600.00%	32 900.00%	−56 225.00%
五、现金及现金等价物净增加额	100.00%	−45.58%	42.41%	−133.37%	−90.82%
加：期初现金及现金等价物余额	100.00%	49.04%	72.26%	50.65%	118.61%
六、期末现金及现金等价物余额	100.00%	147.35%	103.28%	241.85%	336.22%

要求：
对江苏阳光进行定比现金流量表分析。

(3) 江苏阳光现金流量表环比趋势分析表如表4-34所示。

表4-34　江苏阳光集团环比现金流量表　　　　　　　　　　单位：万元

项　目	2016年	2017年	2018年	2019年	平均发展速度
一、经营活动产生的现金流量					
销售商品、提供劳务收到的现金	98.84%	73.32%	126.68%	94.52%	−1.66%
收到的税费返还	64.78%	132.68%	101.97%	195.33%	23.69%
收到的其他与经营活动有关的现金	78.07%	151.98%	50.76%	213.32%	23.53%
经营活动现金流入小计	98.50%	74.02%	125.56%	95.64%	−1.57%
购买商品、接受劳务支付的现金	106.67%	50.10%	168.44%	85.72%	2.73%
支付给职工以及为职工支付的现金	112.62%	101.14%	101.10%	105.83%	5.17%
支付的各项税费	95.70%	93.28%	118.66%	73.61%	−4.69%
支付的其他与经营活动有关的现金	99.99%	93.28%	138.87%	106.23%	9.59%
经营活动现金流出小计	106.65%	60.89%	147.76%	89.65%	1.24%
经营活动产生的现金流量净额	53.44%	218.82%	57.46%	142.96%	18.17%
二、投资活动产生的现金流量					
收回投资所收到的现金	0.00%	—	—	4.79%	—
取得投资收益所收到的现金	393.56%	1 542.70%	90.02%	4.13%	408.10%
处置固定资产、无形资产和其他长期资产所收回的现金净额	39.33%	11.86%	13 728.57%	1.87%	3 345.41%
投资活动现金流入小计	43.97%	1 161.60%	2 400.47%	12.74%	804.70%

续表

项　目	2016年	2017年	2018年	2019年	平均发展速度
购建固定资产、无形资产和其他长期资产所支付的现金	82.53%	103.08%	226.59%	25.21%	9.35%
支付的其他与投资活动有关的现金	—	—	—	—	—
投资活动现金流出小计	139.24%	391.37%	71.17%	12.53%	53.58%
投资活动产生的现金流量净额	143.35%	381.19%	−22.65%	13.44%	28.83%
三、筹资活动产生的现金流量					
取得借款收到的现金	98.86%	108.79%	69.20%	114.48%	−2.17%
筹资活动现金流入小计	114.01%	94.98%	68.80%	114.34%	−1.97%
偿还债务支付的现金	92.86%	97.20%	70.77%	120.37%	−4.70%
分配股利、利润或偿付利息所支付的现金	105.10%	58.78%	179.64%	99.67%	10.80%
支付的其他与筹资活动有关的现金	51.80%	90.07%	72.09%	76.37%	−27.42%
筹资活动现金流出小计	90.16%	95.13%	73.89%	117.15%	−5.92%
筹资活动产生的现金流量净额	−15.27%	90.23%	−102.80%	182.50%	−61.34%
四、汇率变动对现金及现金等价物的影响	−3 050.00%	−773.77%	139.41%	−170.90%	−1 063.82%
五、现金及现金等价物净增加额	−45.58%	−93.04%	−314.50%	68.10%	−196.25%
加：期初现金及现金等价物余额	49.04%	147.35%	70.10%	234.16%	25.16%
六、期末现金及现金等价物余额	147.35%	70.09%	234.17%	139.02%	47.66%

要求：

对江苏阳光进行环比现金流量表分析。

(三) 现金流量表结构分析

1. 现金总流入分析

案例 1：

美的集团是一家涉及消费电器、暖通空调、机器人与自动化系统、智能供应链、芯片产业的科技集团。1968 年其成立于中国顺德，现在世界范围内拥有约 200 家子公司、60 个海外分支机构及 10 个战略业务单位。美的集团的业务包括以厨房家电、冰箱、洗衣机及各类小家电为主的消费电器业务；以家用空调、中央空调等供暖及通风系统为主的暖通空调业务；以德国库卡集团、美的机器人公司等为核心的机器人及工业自动化系统业务；以安得智联为集成解决方案服务平台的智能供应链业务；美仁半导体公司的芯片业务。

美的集团现金总流入结构分析表如表 4-35 所示。

表 4-35 美的集团现金总流入结构分析表

项　　目	2015 年占比	2016 年占比	2017 年占比	2018 年占比	2019 年占比
经营活动现金流入小计	71.71%	73.76%	65.37%	59.32%	57.52%
投资活动现金流入小计	1.43%	1.72%	21.78%	27.83%	24.77%
筹资活动现金流入小计	26.86%	24.52%	12.85%	12.85%	17.71%
现金总流入	100.00%	100.00%	100.00%	100.00%	100.00%

要求：

对美的集团进行现金总流入结构分析。

案例 2：

江苏阳光现金总流入结构分析表如表 4-36 所示。

表 4-36 江苏阳光现金总流入结构分析表

项　　目	2015 年占比	2016 年占比	2017 年占比	2018 年占比	2019 年占比
经营活动现金流入	51.96%	48.34%	41.94%	49.51%	51.72%
投资活动现金流入	0.10%	0.04%	0.59%	13.32%	1.85%
筹资活动现金流入	47.94%	51.62%	57.47%	37.17%	46.45%
现金总流入	100.00%	100.00%	100.00%	100.00%	100.00%

要求：
对江苏阳光进行现金总流入结构分析。

案例 3：
金螳螂现金总流入结构分析表如表 4-37 所示。

表 4-37　金螳螂现金总流入结构分析表

项　　目	2015 年占比	2016 年占比	2017 年占比	2018 年占比	2019 年占比
经营活动现金流入	57.87%	64.32%	76.62%	66.10%	79.32%
投资活动现金流入	36.62%	28.28%	14.38%	33.63%	20.54%
筹资活动现金流入	5.51%	7.40%	9.00%	0.27%	0.14%
现金总流入	100.00%	100.00%	100.00%	100.00%	100.00%

要求：
对金螳螂进行现金总流入结构分析。

案例 4：
红宝丽现金总流入结构分析表如表 4-38 所示。

表 4-38　红宝丽现金总流入结构分析表

项　　目	2015 年占比	2016 年占比	2017 年占比	2018 年占比	2019 年占比
经营活动现金流入	71.30%	76.35%	72.91%	63.51%	66.41%
投资活动现金流入	0.04%	0.06%	4.31%	4.02%	4.07%
筹资活动现金流入	28.66%	23.59%	27.01%	32.47%	29.52%
现金总流入	100.00%	100.00%	100.00%	100.00%	100.00%

要求：

对红宝丽进行现金总流入结构分析。

案例 5：

法尔胜现金总流入结构分析表如表 4-39 所示。

表 4-39 法尔胜现金总流入结构分析表

项　　目	2015 年占比	2016 年占比	2017 年占比	2018 年占比	2019 年占比
经营活动现金流入	43.39%	48.42%	46.07%	14.78%	9.34%
投资活动现金流入	0.83%	1.79%	3.37%	20.86%	23.84%
筹资活动现金流入	55.78%	49.79%	50.56%	64.36%	66.82%
现金总流入	100.00%	100.00%	100.00%	100.00%	100.00%

要求：

对法尔胜进行现金总流入结构分析。

案例 6：

雅克科技现金总流入结构分析表如表 4-40 所示。

表 4-40 雅克科技现金总流入结构分析表

项　　目	2015 年占比	2016 年占比	2017 年占比	2018 年占比	2019 年占比
经营活动现金流入	26.08%	26.11%	24.43%	17.01%	51.37%
投资活动现金流入	73.29%	69.85%	63.03%	80.85%	36.26%
筹资活动现金流入	0.63%	4.04%	12.54%	2.14%	12.37%
现金总流入	100.00%	100.00%	100.00%	100.00%	100.00%

要求：
对雅克科技进行现金总流入结构分析。

2. 现金总流出分析

案例1：
美的集团现金总流出结构分析表如表4-41所示。

表4-41 美的集团现金总流出结构分析表

项 目	2015年占比	2016年占比	2017年占比	2018年占比	2019年占比
经营活动现金流出	65.53%	53.43%	52.32%	50.90%	52.09%
投资活动现金流出	1.89%	19.24%	30.53%	35.97%	35.33%
筹资活动现金流出	32.58%	27.33%	17.15%	13.13%	12.58%
现金总流出	100.00%	100.00%	100.00%	100.00%	100.00%

要求：
对美的集团进行现金总流出结构分析。

案例2：
江苏阳光现金总流出结构分析表如表4-42所示。

表4-42 江苏阳光现金总流出结构分析表

项 目	2015年占比	2016年占比	2017年占比	2018年占比	2019年占比
经营活动现金流出	46.58%	44.65%	30.32%	48.12%	47.36%
投资活动现金流出	2.68%	3.35%	14.61%	11.17%	1.54%
筹资活动现金流出	50.74%	52.00%	55.07%	40.71%	51.10%
现金总流出	100.00%	100.00%	100.00%	100.00%	100.00%

要求:
对江苏阳光进行现金总流出结构分析。

案例 3:
金螳螂现金总流出结构分析表如表 4-43 所示。

表 4-43 金螳螂现金总流出结构分析表

项　　目	2015 年占比	2016 年占比	2017 年占比	2018 年占比	2019 年占比
经营活动现金流出	54.40%	61.94%	74.44%	63.29%	73.15%
投资活动现金流出	37.28%	29.08%	21.50%	35.41%	25.50%
筹资活动现金流出	8.32%	8.98%	4.06%	1.30%	1.35%
现金总流出	100.00%	100.00%	100.00%	100.00%	100.00%

要求:
对金螳螂进行现金总流出结构分析。

案例 4:
红宝丽现金总流出结构分析表如表 4-44 所示。

表 4-44 红宝丽现金总流出结构分析表

项　　目	2015 年占比	2016 年占比	2017 年占比	2018 年占比	2019 年占比
经营活动现金流出	63.95%	66.23%	63.71%	66.40%	62.75%
投资活动现金流出	4.14%	3.69%	8.34%	11.43%	19.46%
筹资活动现金流出	31.91%	30.08%	27.95%	22.17%	17.79%
现金总流出	100.00%	100.00%	100.00%	100.00%	100.00%

要求：
对红宝丽进行现金总流出结构分析。

案例 5：
法尔胜现金总流出结构分析表如表 4-45 所示。

表 4-45 法尔胜现金总流出结构分析表

项　　目	2015 年占比	2016 年占比	2017 年占比	2018 年占比	2019 年占比
经营活动现金流出	48.70%	38.75%	40.69%	35.28%	13.36%
投资活动现金流出	3.85%	2.75%	2.12%	17.54%	25.37%
筹资活动现金流出	47.45%	58.50%	57.19%	47.18%	61.27%
现金总流出	100.00%	100.00%	100.00%	100.00%	100.00%

要求：
对法尔胜进行现金总流出结构分析。

案例 6：
雅克科技现金总流出结构分析表如表 4-46 所示。

表 4-46 雅克科技现金总流出结构分析表

项　　目	2015 年占比	2016 年占比	2017 年占比	2018 年占比	2019 年占比
经营活动现金流出	24.01%	23.00%	21.52%	15.22%	50.92%
投资活动现金流出	74.94%	72.53%	69.68%	78.71%	33.36%
筹资活动现金流出	1.05%	4.47%	8.80%	6.07%	15.72%
现金总流出	100.00%	100.00%	100.00%	100.00%	100.00%

要求：
对雅克科技进行现金总流出结构分析。

3. 现金净流量分析

案例 1：

美的集团现金净流量分析表如表 4-47 所示。

表 4-47　美的集团现金净流量分析表

项　目	2015 年占比	2016 年占比	2017 年占比	2018 年占比	2019 年占比
经营活动产生的现金流量净额	238.06%	261.29%	377.38%	−26 345.36%	−215.85%
投资活动产生的现金流量净额	−11.05%	−371.36%	−279.64%	17 707.64%	251.33%
筹资活动产生的现金流量净额	−127.01%	210.07%	2.26%	8 737.72%	64.52%
现金净流量合计	**100.00%**	**100.00%**	**100.00%**	**100.00%**	**100.00%**

要求：
对美的集团进行现金净流量分析。

案例 2：

江苏阳光现金净流量分析表如表 4-48 所示。

表 4-48　江苏阳光现金净流量分析表

项　目	2015 年占比	2016 年占比	2017 年占比	2018 年占比	2019 年占比
经营活动产生的现金流量净额	−150.23%	174.49%	−383.18%	78.54%	145.73%
投资活动产生的现金流量净额	45.70%	−142.39%	544.66%	44.01%	7.68%
筹资活动产生的现金流量净额	204.53%	67.90%	−61.48%	−22.55%	−53.41%
现金净流量合计	**100.00%**	**100.00%**	**100.00%**	**100.00%**	**100.00%**

要求：
对江苏阳光进行现金净流量分析。

案例3：
红宝丽现金净流量分析表如表4-49所示。

表4-49 红宝丽现金净流量分析表

项　　目	2015年占比	2016年占比	2017年占比	2018年占比	2019年占比
经营活动产生的现金流量净额	−137.56%	−895.66%	−2 386.91%	41.56%	28.27%
投资活动产生的现金流量净额	116.86%	324.58%	2 205.93%	−52.29%	164.48%
筹资活动产生的现金流量净额	120.70%	671.08%	280.98%	110.73%	−92.75%
现金净流量合计	**100.00%**	**100.00%**	**100.00%**	**100.00%**	**100.00%**

要求：
对红宝丽进行现金净流量分析。

案例4：
伊利股份现金净流量结构分析表如表4-50所示。

表4-50 伊利股份现金净流量结构分析表

项　　目	2015年占比	2016年占比	2017年占比	2018年占比	2019年占比
经营活动产生的现金流量净额	84.81%	56.40%	−4 156.06%	1 687.40%	88.22%
投资活动产生的现金流量净额	−96.97%	−23.12%	1 519.63%	−426.97%	−39.25%
筹资活动产生的现金流量净额	112.16%	66.72%	2 736.43%	−1 160.43%	51.03%
现金净流量合计	**100.00%**	**100.00%**	**100.00%**	**100.00%**	**100.00%**

要求：

对伊利股份进行现金净流量分析。

4. 现金流入流出分析

案例1：

江苏阳光现金流入流出分析表如表4-51所示。

表4-51 江苏阳光现金流入流出分析表

项　　目	现金流入量	现金流出量	流入流出比例
经营活动现金流量	234 925	195 429	120.21%
投资活动现金流量	8 420	6 340	132.82%
筹资活动现金流量	210 867	210 867	100.00%

要求：

对江苏阳光进行现金流入流出分析。

案例2：

海澜之家现金流入流出分析表如表4-52所示。

表4-52 海澜之家现金流入流出分析表　　　　金额单位：万元

项　　目	现金流入量	现金流出量	流入流出比例
经营活动现金流量	2 038 526	1 745 748	116.77%
投资活动现金流量	61 538	119 631	51.44%
筹资活动现金流量	0	148 261	0.00%

要求：
对海澜之家进行现金流入流出分析。

案例 3：
红宝丽现金流入流出分析表如表 4-53 所示。

表 4-53　红宝丽现金流入流出分析表　　　金额单位：万元

项　　目	现金流入量	现金流出量	流入流出比例
经营活动现金流量	167 663	175 235	95.68%
投资活动现金流量	10 287	54 334	18.93%
筹资活动现金流量	74 511	49 671	150.01%

要求：
对红宝丽进行现金流入流出分析。

案例 4：
法尔胜现金流入流出分析表如表 4-54 所示。

表 4-54　法尔胜现金流入流出分析表　　　金额单位：万元

项　　目	现金流入量	现金流出量	流入流出比例
经营活动现金流量	191 468	273 252	70.07%
投资活动现金流量	488 663	518 918	94.17%
筹资活动现金流量	1 369 820	1 253 172	109.31%

要求：
对法尔胜进行现金流入流出分析。

案例5：
伊利股份现金流入流出分析表如表4-55所示。

表4-55　伊利股份现金流入流出分析表　　　　金额单位：万元

项　目	现金流入量	现金流出量	流入流出比例
经营活动现金流量	7 751 438	7 050 808	109.94%
投资活动现金流量	27 955	339 636	8.23%
筹资活动现金流量	867 769	462 488	187.63%

要求：
对伊利股份进行现金流入流出分析。

5. 筹资与投资比分析

案例1：
美的集团筹资与投资比分析表如表4-56所示。

表4-56　美的集团筹资与投资比分析表　　　　金额单位：万元

项　目	去年	本年
投资活动现金流出量(1)	961	1 240
筹资活动现金流入量(2)	352	638
投资活动现金净流量(3)	-197	-347
经营活动现金净流量(4)	266	244
筹资活动现金净流量(5)	1	196
投资活动筹资比率(6)=(3)/(5)	-197	-1.77
投资活动经营筹资比率(7)=(3)/[(4)+(5)]	-0.74	-0.79

要求：

对美的集团进行筹资与投资比分析。

案例 2：

江苏阳光筹资与投资比分析表如表 4-57 所示。

表 4-57　江苏阳光筹资与投资比分析表　　　　　　　　单位：万元

项　　目	去年	本年
投资活动现金流出量(1)	50 604	6 340
筹资活动现金流入量(2)	184 416	210 867
投资活动现金净流量(3)	15 481	2 080
经营活动现金净流量(4)	27 628	39 496
筹资活动现金净流量(5)	−7 931	−14 474
投资活动筹资比率(6)=(3)/(5)	−1.95	−0.14
投资活动经营筹资比率(7)=(3)/[(4)+(5)]	0.79	0.08

要求：

对江苏阳光进行筹资与投资比分析。

案例 3：

海澜之家筹资与投资比分析表如表 4-58 所示。

表 4-58　海澜之家筹资与投资比分析表　　　　　　　　金额单位：万元

项　　目	2015 年	2016 年	2017 年	2018 年	2019 年
投资活动现金流出量	3 479	6 574	96 725	52 306	67 632
筹资活动现金流入量	0	0	0	0	0
投资活动现金净流量	−3 287	−4 017	51 333	−47 507	−58 093
经营活动现金净流量	36 595	45 798	192 341	278 716	292 778

续表

项　　目	2015年	2016年	2017年	2018年	2019年
筹资活动现金净流量	−3 233	−5 953	−85 352	−170 725	−148 261
投资活动筹资比率	1.02	0.67	−0.60	0.28	0.39
投资活动经营筹资比率	−0.10	−0.10	0.48	−0.44	−0.40

要求：

对海澜之家进行筹资与投资比分析。

案例4：

红宝丽筹资与投资比分析表如表4-59所示。

表4-59　红宝丽筹资与投资比分析表　　　　单位：万元

项　　目	去年	本年
投资活动现金流出量(1)	24 362	54 335
筹资活动现金流入量(2)	78 307	74 512
投资活动现金净流量(3)	−14 663	−44 047
经营活动现金净流量(4)	11 654	−7 572
筹资活动现金净流量(5)	31 052	24 839
投资活动筹资比率(6)＝(3)/(5)	−0.47	−1.77
投资活动经营筹资比率(7)＝(3)/[(4)+(5)]	−0.34	−2.55

要求：

对红宝丽进行筹资与投资比分析。

案例 5：

金螳螂筹资与投资比分析表如表 4-60 所示。

表 4-60　金螳螂筹资与投资比分析表　　　　　金额单位：万元

项　　目	去年	本年
投资活动现金流出量(1)	839 993	1 393 018
筹资活动现金流入量(2)	218 731	210 392
投资活动现金净流量(3)	−4 934	5 911
经营活动现金净流量(4)	110 057	177 725
筹资活动现金净流量(5)	−40 654	−100 520
投资活动筹资比率(6)=(3)/(5)	12.14%	−5.88%
投资活动经营筹资比率(7)=(3)/[(4)+(5)]	−7.11%	7.66%

要求：

对金螳螂进行筹资与投资比分析。

案例 6：

法尔胜筹资与投资比分析表如表 4-61 所示。

表 4-61　法尔胜筹资与投资比分析表　　　　　金额单位：万元

项　　目	去年	本年
投资活动现金流出量(1)	218 423	518 918
筹资活动现金流入量(2)	814 274	1 369 820
投资活动现金净流量(3)	−252 308	−81 783
经营活动现金净流量(4)	45 534	−30 255
筹资活动现金净流量(5)	226 736	116 648
投资活动筹资比例(6)=(3)/(5)	−1.11	−0.70
投资活动经营筹资比率(7)=(3)/[(4)+(5)]	−0.93	−0.95

要求：

对法尔胜进行筹资与投资比分析。

项目五　所有者权益变动表分析

一、简答题

1. 留存收益包括哪些内容?

2. 企业提取的盈余公积有哪些用途?

3. 简述资本公积的来源和用途。

4. 股本增加的主要途径有哪些?

二、计算题

1. 光明公司经营第一年亏损 100 万元,第二年实现税前利润 300 万元,企业所得税税率为 25%,法定盈余公积的提取比例是 10%。

要求:

计算该企业当年应该提取的法定盈余公积。

2. 光明公司年初未分配利润借方余额为40万元,本年度税后利润为100万元,法定盈余公积和任意盈余公积的提取比例均为10%,假定该企业本年度除了计提盈余公积外,无其他利润分配事项。

要求:

计算该企业本年年末未分配利润的金额。

3. 光明公司2018年12月31日的股东权益为20 000万股,每股面值为1元,资本公积(股本溢价)为5 000万元,盈余公积为3 000万元。经股东大会批准,光明公司以现金回购本公司股票3000万股并注销。

要求:

(1) 假定每股回购价0.8元,编制回购股票和注销股票的会计分录。
(2) 假定每股回购价格为2元,编制回购股票和注销股票的会计分录。
(3) 假定每股回购价格为3元,编制回购股票和注销股票的会计分录。

三、案例实战

（一）所有者权益变动表质量分析

案例 1：

江苏阳光 2019 年所有者权益变动表如表 5-1 所示。

表 5-1　江苏阳光 2019 年所有者权益变动表　　　　　　单位：万元

项　目	股　本	其他综合收益	盈余公积	未分配利润	少数股东权益	所有者权益合计
一、上年年末余额	178 334	1	15 269	1 781	24 978	220 363
二、本年年初余额	178 334	1	15 269	1 781	24 978	220 363
三、本年增减变动金额		－336		12 099	－323	11 440
（一）综合收益总额		－336		12 099	1 497	13 260
（二）所有者投入和减少资本						
（三）利润分配					－1 820	－1 820
对所有者的分配					－1 820	－1 820
四、本年年末余额	178 334	－335	15 269	13 880	24 655	231 803

江苏阳光 2018 年所有者权益变动表如表 5-2 所示。

表 5-2　江苏阳光 2018 年所有者权益变动表　　　　　　单位：万元

项　目	股　本	其他综合收益	盈余公积	未分配利润	少数股东权益	所有者权益合计
一、上年年末余额	178 334		15 269	－13 506	24 617	204 714
二、本年年初余额	178 334		15 269	－13 506	24 617	204 714
三、本年增减变动金额		1		15 287	361	15 649
（一）综合收益总额		1		15 287	2 579	17 867
（二）所有者投入和减少资本						
（三）利润分配					－2 218	－2 218
对所有者的分配					－2 218	－2 218
四、本年年末余额	178 334	1	15 269	1 781	24 978	220 363

要求：

对江苏阳光进行所有者权益变动表质量分析。

案例 2：

金螳螂 2019 年所有者权益变动表如表 5-3 所示。

表 5-3 金螳螂 2019 年所有者权益变动表　　　　　　单位：万元

项　　目	实收资本	资本公积	其他综合收益	盈余公积	未分配利润	少数股东权益	所有者权益合计
一、上年期末余额	264 331	15 883	1 322	82 816	632 531	18 621	1 014 182
二、本年期初余额	264 331	15 883	1 322	82 816	632 531	18 621	1 014 182
三、本期增减变动金额		75	29	16 238	135 520	8 999	160 832
（一）综合收益总额			29		191 850	602	192 452
（二）所有者投入和减少资本		75				8 722	8 798
1. 股东投入的普通股						9 057	9 057
2. 其他权益工具持有者投入资本							
3. 股份支付计入所有者权益的金额							
4. 其他		75				−335	−259
（三）利润分配				16 238	−56 330	−325	−404 188
1. 提取盈余公积				16 238	−16 237		
2. 提取一般风险准备							
3. 对所有者（或股东）的分配					−40 093	−325	−404 188
4. 其他							
（四）所有者权益内部结转							
1. 资本公积转增资本							
2. 盈余公积转增资本							
3. 盈余公积弥补亏损							
4. 其他							
四、本期期末余额	264 331	15 958	1 352	99 054	768 051	27 620	1 175 014

金螳螂 2018 年所有者权益变动表如表 5-4 所示。

表 5-4 金螳螂 2018 年所有者权益变动表　　　　　　单位：万元

项　　目	实收资本	资本公积	其他综合收益	盈余公积	未分配利润	少数股东权益	所有者权益合计
一、上年期末余额	176 221	15 883	−326	68 128	601 792	12 608	874 632
二、本年期初余额	176 221	15 883	−326	68 128	601 792	12 608	874 632
三、本期增减变动金额	88 110		1 648	14 688	30 740	6 013	139 550

续表

项　目	实收资本	资本公积	其他综合收益	盈余公积	未分配利润	少数股东权益	所有者权益合计
（一）综合收益总额			1 648		168 339	2 014	170 352
（二）所有者投入和减少资本						4 122	4 122
1. 股东投入的普通股						5 722	5 722
2. 其他权益工具持有者投入资本							
3. 股份支付计入所有者权益的金额							
4. 其他		75				−1 600	−1 600
（三）利润分配				14 688	−49 489	−123	−34 924
1. 提取盈余公积				14 688	−14 688		
2. 提取一般风险准备							
3. 对所有者（或股东）的分配					−34 801	−123	−34 924
4. 其他							
（四）所有者权益内部结转	88 110				−88 110		
1. 资本公积转增资本							
2. 盈余公积转增资本							
3. 盈余公积弥补亏损							
4. 其他	88 110				−88 110		
四、本期期末余额	264 331	15 883	1 322	82 816	632 531	18 621	1 014 182

要求：

对金螳螂进行所有者权益变动表质量分析。

案例3：

红豆股份2019年所有者权益变动表如表5-5所示。

表 5-5　红豆股份 2019 年所有者权益变动表　　　　　单位：万元

项　　目	股本	资本公积	其他综合收益	盈余公积	未分配利润	少数股东权益	所有者权益合计
一、上年期末余额	164 497	165 214	−400	13 054	67 477	37 184	447 028
二、本年期初余额	164 497	165 214	−400	13 054	67 477	37 184	447 028
三、本期增减变动金额	16 449	−17 497	384	6 820	37 534	−30 673	13 017
（一）综合收益总额			384		60 802	163	61 351
（二）所有者投入和减少资本						−23 812	−23 812
1. 股东投入的普通股						750	750
2. 其他						−24 562	−24 562
（三）利润分配				6 820	−23 268	−7 023	−23 473
1. 提取盈余公积				6 820	−6 819		
2. 对所有者（或股东）的分配					−16 449	−7 023	−23 473
（四）所有者权益内部结转	16 449	−16 449					
资本公积转增资本（或股本）	16 449	−16 449					
（五）其他		−1 048					−1 048
四、本期期末余额	180 946	147 717	−16	19 874	105 011	6 511	460 045

红豆股份2018年所有者权益变动表如表5-6所示。

表 5-6　红豆股份 2018 年所有者权益变动表　　　　　单位：万元

项　　目	股本	资本公积	其他综合收益	盈余公积	未分配利润	少数股东权益	所有者权益合计
一、上年期末余额	71 185	78 660	−28	11 922	57 065	35 515	254 319
同一控制下企业合并		1 000			−838		161
二、本年期初余额	71 185	79 660	−28	11 922	56 227	35 515	254 481
三、本期增减变动金额	93 312	85 554	−372	1 132	11 250	1 669	192 547
（一）综合收益总额			−372		15 941	1 695	17 266
（二）所有者投入和减少资本	22 127	156 692					178 819

续表

项目	股本	资本公积	其他综合收益	盈余公积	未分配利润	少数股东权益	所有者权益合计
1. 股东投入的普通股	22 127	156 736					178 863
2. 其他		−44					−44
（三）利润分配				1 132	−4 691	−26	−3 585
1. 提取盈余公积				1 132	−1 132		
2. 对所有者（或股东）的分配					−3 559	−26	−3 585
（四）所有者权益内部结转	71 185	−71 185					
资本公积转增资本	71 185	−71 185					
（五）其他		47					47
四、本期期末余额	164 497	165 214	−400	13 054	67 477	37 184	447 028

要求：
对红豆股份进行所有者权益变动表质量分析。

（二）所有者权益变动表横向结构分析

案例 1：

江苏阳光所有者权益变动表如表 5.7 所示。

表 5-7　江苏阳光所有者权益变动表横向结构变动表　　　　单位：万元

项目	本年金额	上年金额	变动额	变动率	对所有者权益的影响
一、上年期末余额	220 363	204 714	15 649	7.64%	7.10%
二、本年期初余额	220 363	204 714	15 649	7.64%	7.10%
三、本期增减变动金额	11 440	15 649	−3 516	−23.51%	−1.60%
（一）综合收益总额	13 260	17 867	−4 607	−25.78%	−2.09%
（二）所有者投入和减少资本	0.00	0.00	0.00	—	0.00%

续表

项　目	本年金额	上年金额	变动额	变动率	对所有者权益的影响
（三）利润分配	-1 820	0.00	-1 820	—	-0.83%
1. 计提盈余公积	0.00	0.00	0.00	—	0.00%
2. 计提一般风险准备	0.00	0.00	0.00	—	0.00%
3. 对所有者的分配	-1 820	-2 218	398	-17.94%	0.18%
四、本年年末余额	231 803	220 363	11 439	5.19%	5.19%

要求：

对江苏阳光进行所有者权益变动表横向结构分析。

案例 2：

金螳螂所有者权益变动表横向结构变动表如表 5-8 所示。

表 5-8　金螳螂所有者权益变动表横向结构变动表　　　单位：万元

项　目	本年金额	上年金额	变动额	变动率	对所有者权益的影响
一、上年期末余额	1 014 182	874 632	139 550	15.96%	13.76%
二、本年期初余额	1 014 182	874 632	139 550	15.96%	13.76%
三、本期增减变动金额	160 832	139 550	21 282	15.25%	2.10%
（一）综合收益总额	192 452	170 352	22 100	12.97%	2.18%
（二）所有者投入和减少资本	8 798	4 122	4 676	113.44%	0.46%
1. 股东投入的普通股	9 057	5 722	3 335	58.28%	0.33%
2. 其他	-259	-1 600	1 341	-83.81%	0.13%
（三）利润分配	-404 188	-34 924	-369 264	1 057.34%	-36.41%
1. 提取盈余公积					
2. 提取一般风险准备					
3. 对所有者（或股东）分配	-404 188	-34 924	-369 264	1 057.34%	-36.41%
四、本期期末余额	1 175 014	1 014 182	160 832	15.86%	15.86%

要求：

对金螳螂进行所有者权益变动表横向结构分析。

案例 3：

红豆股份所有者权益变动表横向结构变动表如表 5-9 所示。

表 5-9　红豆股份所有者权益变动表横向结构变动表　　单位：万元

项　　目	本年金额	上年金额	变动额	变动率	对所有者权益的影响
一、上年期末余额	447 028	254 319	192 709	75.77%	43.11%
同一控制下企业合并		161	-161	-100%	-0.04%
二、本年期初余额	447 028	254 481	192 547	75.66%	43.07%
三、本期增减变动金额	13 017	192 547	-179 530	-93.24%	-40.16%
（一）综合收益总额	61 351	17 266	44 085	255.33%	9.86%
（二）所有者投入和减少资本	-23 812	178 819	-202 631	-113.32%	-45.33%
1. 股东投入的普通股	750	178 863	-178 113	-99.58%	-39.84%
2. 其他	-24 562	-44	-24 518	55 722.23%	-5.48%
（三）利润分配	-23 473	-3 585	-19 888	554.76%	-4.45%
1. 计提盈余公积					
2. 对所有者（或股东）的分配	-23 473	-3 585	-19 888	554.76%	-4.45%
（四）所有者权益内部结转					
资本公积转增资本（或股本）					
（五）其他	-1 048	47	-1 095	-2 329.79%	-0.24%
四、本期期末余额	460 045	447 028	13 017	2.91%	2.91%

要求：

对红豆股份进行所有者权益变动表横向结构分析。

(三) 所有者权益变动表纵向结构分析

案例 1:

江苏阳光所有者权益变动表纵向结构变动表如表 5-10 所示。

表 5-10　江苏阳光所有者权益变动表纵向结构变动表　　　单位: 万元

项　　目	本年金额	上年金额	期末结构百分比	期初结构百分比	变动情况
一、上年期末余额	220 363	204 714	95.06%	92.90%	2.17%
二、本年期初余额	220 363	204 714	95.06%	92.90%	2.17%
三、本期增减变动金额	11 440	15 649	4.94%	7.10%	−2.17%
(一) 综合收益总额	13 260	17 867	5.72%	8.11%	−2.39%
(二) 所有者投入和减少资本	0.00	0.00	0.00%	0.00%	0.00%
(三) 利润分配	−1 820	0.00	−0.79%	0.00%	−0.79%
1. 计提盈余公积	0.00	0.00	0.00%	0.00%	0.00%
2. 计提一般风险准备	0.00	0.00	0.00%	0.00%	0.00%
3. 对所有者的分配	−1 820	−2 218	−0.79%	−1.01%	0.22%
四、本年年末余额	231 803	220 363	100.00%	100.00%	0.00%

要求:

对江苏阳光进行所有者权益变动表纵向结构分析。

案例 2:

金螳螂所有者权益变动表纵向结构变动表如表 5-11 所示。

表 5-11　金螳螂所有者权益变动表纵向结构变动表　　　单位: 万元

项　　目	本年金额	上年金额	期末结构百分比	期初结构百分比	变动情况
一、上年期末余额	1 014 182	874 632	86.31%	86.24%	0.07%
二、本年期初余额	1 014 182	874 632	86.31%	86.24%	0.07%
三、本期增减变动金额	160 832	139 550	13.69%	13.76%	−0.07%
(一) 综合收益总额	192 452	170 352	16.38%	16.80%	−0.42%
(二) 所有者投入和减少资本	8 798	4 122	0.75%	0.41%	0.34%

续表

项　目	本年金额	上年金额	期末结构百分比	期初结构百分比	变动情况
1. 股东投入的普通股	9 057	5 722	0.77%	0.56%	0.21%
2. 其他	−259	−1 600	−0.02%	−0.16%	0.14%
（三）利润分配	−404 188	−34 924	−34.40%	−3.44%	−30.95%
1. 提取盈余公积					
2. 提取一般风险准备					
3. 对所有者（或股东分配）	−404 188	−34 924	−34.40%	−3.44%	−30.96%
四、本期期末余额	1 175 014	1 014 182	100.00%	100.00%	0.00%

要求：

对金螳螂进行所有者权益变动表纵向结构分析。

案例3：

红豆股份所有者权益变动表纵向结构变动表如表5-12所示。

表5-12　红豆股份所有者权益变动表纵向结构变动表　　　　单位：万元

项　目	本年金额	上年金额	期末结构百分比	期初结构百分比	变动情况
一、上年期末余额	447 028	254 319	97.17%	56.89%	40.28%
同一控制下企业合并		161	0.00%	0.04%	−0.04%
二、本年期初余额	447 028	254 481	97.17%	56.93%	40.24%
三、本期增减变动金额	13 017	192 547	2.83%	43.07%	−40.24%
（一）综合收益总额	61 351	17 266	13.34%	3.86%	9.47%
（二）所有者投入和减少资本	−23 812	178 819	−5.18%	40.00%	−45.18%
1. 股东投入的普通股	750	178 863	0.16%	40.01%	−39.85%
2. 其他	−24 562	−44	−5.34%	−0.01%	−5.33%
（三）利润分配	−23 473	−3 585	−5.10%	−0.80%	−4.30%
1. 提取盈余公积					

续表

项　目	本年金额	上年金额	期末结构百分比	期初结构百分比	变动情况
2. 对所有者的分配	−23 473	−3 585	−5.10%	−0.80%	−4.30%
(四) 所有者权益内部结转					
资本公积转增资本					
(五) 其他	−1 048	47	−0.23%	0.01%	−0.24%
四、本期期末余额	460 045	447 028	100.00%	100.00%	0.00%

要求：

对红豆股份进行所有者权益变动表纵向结构分析。

项目六　单项财务能力分析

任务一　偿债能力分析

一、简答题

1. 简述企业偿债能力分析的意义。

2. 简述流动比率、速动比率以及现金比率间的相互关系。

3. 简述资产负债率指标的缺陷。

4. 简述影响短期偿债能力的特别项目。

5. 简述短期偿债能力与长期偿债能力的区别。

二、计算分析题

1. 某企业 2019 年 7 月份的速动比率为 1.2，该企业流动资产包括存货、预付账款、货币资金、交易性金融资产和应收账款五个部分，其中应收账款占整个企业流动资产的比例为 40%。

要求：

计算该企业 7 月份的现金比率，并作简要评价。

2. 某公司 2020 年年末的资产负债表如表 6-1 所示。

表 6-1 资产负债表　　　　　　　　　　　　　　单位：万元

资　产	金　额	权　益	金　额
库存现金	26 890	应付票据	5 634
交易性金融资产	10 478	应付账款	54 258
应收账款净额	176 674	应交税费	9 472
存货	321 830	其他应付款	66 438
预付账款	16 442	应付债券	172 470
固定资产	212 134	长期借款	41 686
无形资产	75 008	实收资本	92 400
其他资产	8 946	未分配利润	406 044
资产总计	**848 402**	**负债与所有者权益总计**	**848 402**

要求：

计算该公司的资产负债率、产权比率和权益乘数，并简要说明三个指标的共同经济含义，指出分析中存在的共同问题。

3. A 公司 2019 年年末和 2020 年年末的部分资料如表 6-2 所示。

表 6-2　A 公司部分财务数据　　　　　　　　单位：万元

项　　目	2019 年	2020 年
库存现金	4 600	4 000
银行存款	500 000	10 000
交易性金融资产	400 000	460 000
应收票据	45 000	48 000
应收账款	6 450 000	7 340 000
其中：坏账准备	−72 000	−87 000
存货	3 030 000	4 230 000
固定资产	23 800 000	38 320 000
其中：累计折旧	−3 280 000	−3 580 000
应付票据	4 489 000	5 890 000
应交税费	412 000	453 000
预收账款	38 000	43 000
长期借款——基建借款	7 981 000	8 982 000

要求：

(1) 计算该企业各年的营运资本。

(2) 计算该企业各年的流动比率。

(3) 计算该企业各年的速动比率。
(4) 计算该企业各年的现金比率。
(5) 将上述两年的指标进行对比,简要说明其短期偿债能力是否得到改善。

4. 某企业全部资产总额为 6 000 万元,流动资产占全部资产的 40%,其中存货占流动资产的一半。流动负债占资产总额的 30%。

要求:

分别计算发生以下交易后的营运资本、流动比率、速动比率:

(1) 购买材料,用银行存款支付 4 万元,其余 6 万元为赊购。
(2) 购置机器设备价值 60 万元,以银行存款支付 40 万元,余款以产成品抵付。
(3) 部分应收账款确认为坏账,金额 28 万元,同时借入短期借款 80 万元。

5. 华运公司有关 2019—2020 年利息保障倍数的资料如表 6-3 所示。

表 6-3 华运公司利息保障倍数资料

项　　目	2019年	2020年	差　额	行业均值
税后利润	75	45		—
利息费用	50	90		—
所得税税率	25%	25%	—	—
息税前利润				—
利息保障倍数			—	2.5

要求：
(1) 计算并填列上表中的空白栏。
(2) 分析评价该公司的长期偿债能力。

三、综合分析题

1. ABC 公司 2020 年实现销售 41 000 万元，销售成本 33 170 万元，发生财务费用 2 352 万元，扣除账务费用以外的期间费用为 3 000 万元。

其他资料如表 6-4 和表 6-5 所示。

表 6-4　ABC 公司 2020 年资产负债表　　　　　　　　　　单位：万元

资　产	年初数	期末数	负债及权益	年初数	期末数
流动资产	19 800	23 800	流动负债	8 300	10 100
现金	2 000	2 730			
短期投资	2 800	1 500			
应收账款	5 300	7 500			
存货	9 700	12 100	长期负债	8 194	14 700
			所有者权益	11 726	13 300
固定资产	8 420	14 270			
资产总计	**28 220**	**38 100**	负债和所有者权益总计	28 220	38 100

表 6-5　同行业财务指标平均水平

指　标	平均水平	指　标	平均水平
流动比率	1.9	资产负债率	60%
速动比率	1.03	利息保障倍数	3
现金比率	0.43	长期负债占负债总额比率	50%
应收账款周转率	6.5	营运资金对长期负债比率	1.03
存货周转率	5.2		

要求：
(1) 分析 ABC 公司的流动性（短期偿债能力）。
(2) 分析 ABC 公司的财务风险性（长期偿债能力）。

2. 资料：
(1) 已知 D 公司 2020 年资产负债表中的相关项目如表 6-6 所示。

表 6-6　D 公司有关资产负债表项目　　　　　　　　单位：万元

项　　目	金　　额	项　　目	金　　额
无形资产	240	负债总额	1 500
资产总额	7 400	所有者权益总额	5 900

(2) 2020 年度该公司税前利润为 1 350 万元；利息费用为 390 万元，其中资本化利息为 130 万元；息税前经营活动现金流量为 1 450 万元；现金利息支出为 340 万元。
(3) 同行业长期偿债能力的平均值如表 6-7 所示。

表 6-7　D 公司同行业长期偿债能力平均值

项　　目	同行业平均值
资产负债率	30%
股权比率	70%
产权比率	42.86%
权益乘数	140.86%
有形资产债务比率	12.55%
有形净值债务比率	15.45%
利息保障倍数	4
现金流量利息保障倍数	3

要求：

（1）根据上述资料请计算该公司的长期偿债能力（资产负债率、股权比率、产权比率、权益乘数、有形资产债务比率、有形净值债务比率、利息保障倍数和现金流量利息保障倍数）。

（2）结合同行业的长期偿债能力的平均值，评价该公司的长期偿债能力。

3. 某公司本年度有关资料如表 6-8 和表 6-9 所示。

表 6-8　资产负债表　　　　　　　　　　　　　　单位：万元

项　目	期　初	期　末	项　目	期　初	期　末
流动资产	2 200	2 300	流动负债	1 340	1 240
固定资产	2 420	2 500	长期负债	1 430	1 100
无形资产	110	100	股东权益	1 960	2 560
合　计	4 730	4 900	合　计	4 730	4 900

表 6-9　现金流量表　　　　　　　　　　　　　　单位：万元

项　目	金　额
经营活动现金流入量	5 880
经营活动现金流出量	5 320
经营活动现金净流量	**560**
投资活动现金流入量	1 760
投资活动现金流出量	1 680
投资活动现金净流量	**80**
筹资活动现金流入量	1 000
筹资活动现金流出量	980
筹资活动现金净流量	**20**
现金及等价物增加额	**660**

其他有关资料：本年销售收入为 5 350 万元，净利润为 870.4 万元。

要求：

(1) 计算该公司流动比率、有形净值债务比率、资产负债率和权益乘数。
(2) 计算该公司的加权平均净资产收益率、资产现金流量收益率、总资产利润率和销售净利率。
(3) 计算该公司的固定资产周转率、流动资产周转率和总资产周转率。
(4) 根据以上计算结果,运用杜邦分析体系对该公司的财务状况和经营成果进行分析。

四、案例实战

(一) 短期偿债能力分析

案例 1:

(1) 江苏阳光流动比率如表 6-10 所示。

表 6-10 江苏阳光纺织公司流动比率　　　　单位: 万元

项　　目	2015 年	2016 年	2017 年	2018 年	2019 年
流动资产	129 340	148 385	191 611	188 975	220 559
流动负债	189 932	184 938	144 615	160 240	240 426
流动比率	0.68	0.80	1.32	1.18	0.92
流动比率行业均值	0.44	0.42	0.39	0.41	0.39

要求:

对江苏阳光纺织公司进行流动比率分析。

(2) 江苏阳光纺织公司速动比率如表 6-11 所示。

表 6-11 江苏阳光纺织公司速动比率　　　　单位：万元

项　　目	2015 年	2016 年	2017 年	2018 年	2019 年
速动资产	88 838	94 351	80 488	112 702	136 668
流动负债	189 932	184 938	144 615	160 240	240 426
速动比率	0.47	0.51	0.56	0.70	0.57
速动比率行业均值	0.67	0.74	0.75	0.72	0.75

要求：

对江苏阳光进行速动比率分析。

(3) 江苏阳光静态短期偿债能力综合分析如表 6-12 所示。

表 6-12 江苏阳光静态短期偿债能力综合分析

项　　目	2015 年	2016 年	2017 年	2018 年	2019 年
流动比率	0.68	0.80	1.32	1.18	0.92
流动比率行业均值	0.44	0.42	0.39	0.41	0.39
速动比率	0.47	0.51	0.56	0.70	0.57
速动比率行业均值	0.67	0.74	0.75	0.72	0.75
现金比率	0.21	0.26	0.34	0.49	0.43
现金比率行业均值	−0.01	0.70	0.70	1.80	1.36

要求：

对江苏阳光进行静态短期偿债能力综合分析。

(4) 江苏阳光短期偿债能力综合分析一览表如表 6-13 所示。

表 6-13　江苏阳光短期偿债能力综合分析一览表

项　　目	2015 年	2016 年	2017 年	2018 年	2019 年
流动比率	0.68	0.80	1.32	1.18	0.92
流动比率行业均值	0.44	0.42	0.39	0.41	0.39
速动比率	0.47	0.51	0.56	0.70	0.57
速动比率行业均值	0.67	0.74	0.75	0.72	0.75
现金比率	0.21	0.26	0.34	0.49	0.43
现金比率行业均值	−0.01	0.70	0.70	1.80	1.36
现金流量比率	0.19	0.12	0.29	0.18	0.20
现金流量比率行业均值	0.04	0.05	0.05	0.06	0.05

要求：

对江苏阳光进行短期偿债能力综合分析。

案例 2：

(1) 海澜之家流动比率如表 6-14 所示。

表 6-14　海澜之家流动比率　　　　　　　　　　　　金额单位：万元

项　　目	2015 年	2016 年	2017 年	2018 年	2019 年
流动资产	228 237	1 437 133	1 885 516	1 875 313	1 764 137
流动负债	109 622	862 622	1 251 589	1 211 628	1 244 682
流动比率	2.08	1.67	1.51	1.55	1.42
流动比率行业均值	2.30	2.13	2.05	2.24	2.41

要求：

对海澜之家进行流动比率分析。

(2) 海澜之家速动比率如表 6-15 所示。

表 6-15　海澜之家速动比率　　　　　金额单位：万元

项目	2015 年	2016 年	2017 年	2018 年	2019 年
速动资产	173 347	822 784	924 643	1 008 723	909 486
流动负债	109 622	862 622	1 251 589	1 211 628	1 244 682
速动比率	1.58	0.95	0.74	0.83	0.73
速动比率行业均值	1.54	1.50	1.48	1.02	0.88

要求：
对海澜之家进行速动比率分析。

(3) 海澜之家静态短期偿债能力综合分析一览表如表 6-16 所示。

表 6-16　海澜之家静态短期偿债能力综合分析一览表

项目	2015 年	2016 年	2017 年	2018 年	2019 年
流动比率	2.08	1.67	1.51	1.55	1.42
流动比率行业均值	2.30	2.13	2.05	2.24	2.41
速动比率	1.58	0.95	0.74	0.83	0.73
速动比率行业均值	1.54	1.50	1.48	1.02	0.88
现金比率	1.46	0.82	0.64	0.73	0.64
现金比率行业均值	−0.01	0.70	0.70	1.8	0.9

要求：
对海澜之家进行静态短期偿债能力综合分析。

(4) 海澜之家短期偿债能力综合分析一览表如表 6-17 所示。

表 6-17　海澜之家短期偿债能力综合分析一览表

项　　目	2015 年	2016 年	2017 年	2018 年	2019 年
流动比率	2.08	1.67	1.51	1.55	1.42
流动比率行业均值	2.30	2.13	2.05	2.24	2.41
速动比率	1.58	0.95	0.74	0.83	0.73
速动比率行业均值	1.54	1.50	1.48	1.02	0.88
现金比率	1.46	0.82	0.64	0.73	0.64
现金比率行业均值	−0.01	0.70	0.70	1.80	0.90
现金流量比率	0.47	0.40	0.26	0.24	0.23
现金流量比率行业均值	−0.01	0.05	0.21	0.34	0.39

要求：
对海澜之家进行短期偿债能力综合分析。

案例 3：

(1) 红宝丽股份流动比率如表 6-18 所示。

表 6-18　红宝丽股份流动比率　　　金额单位：万元

项　　目	2015 年	2016 年	2017 年	2018 年	2019 年
流动资产	99 871	95 232	84 891	133 408	133 195
流动负债	77 331	69 393	67 265	88 036	112 348
流动比率	1.29	1.37	1.26	1.52	1.19
流动比率行业均值	2.48	2.43	2.57	2.35	2.30

要求：
对红宝丽进行流动比率分析。

(2) 红宝丽速动比率如表 6-19 所示。

表 6-19　红宝丽股份速动比率　　　　金额单位：万元

项　　目	2015 年	2016 年	2017 年	2018 年	2019 年
速动资产	74 043	66 930	61 946	94 424	80 745
流动负债	77 331	69 393	67 265	88 036	112 348
速动比率	0.96	0.96	0.92	1.07	0.72
速动比率行业均值	1.89	1.82	1.94	1.54	1.33

要求：

对红宝丽进行速动比率分析。

(3) 红宝丽静态短期偿债能力综合分析一览表如表 6-20 所示。

表 6-20　红宝丽股份静态短期偿债能力综合分析一览表

项　　目	2015 年	2016 年	2017 年	2018 年	2019 年
流动比率	1.19	1.37	1.26	1.52	1.19
流动比率行业均值	2.48	2.43	2.57	2.35	2.30
速动比率	0.96	0.96	0.92	1.07	0.72
速动比率行业均值	1.89	1.82	1.94	1.54	1.33
现金比率	0.46	0.72	0.52	0.51	0.56
现金比率行业均值	1.33	1.54	1.94	1.82	1.89

要求：

对红宝丽进行静态短期偿债能力综合分析。

（4）红宝丽短期偿债能力综合分析一览表如表 6-21 所示。

表 6-21　红宝丽股份短期偿债能力综合分析一览表

项　目	2015 年	2016 年	2017 年	2018 年	2019 年
流动比率	1.19	1.37	1.26	1.52	1.19
流动比率行业均值	2.48	2.43	2.57	2.35	2.30
速动比率	0.96	0.96	0.92	1.07	0.72
速动比率行业均值	1.89	1.82	1.94	1.54	1.33
现金比率	0.46	0.72	0.52	0.51	0.56
现金比率行业均值	1.33	1.54	1.94	1.82	1.89
现金流量比率	−0.08	0.15	0.28	0.32	0.14
现金流量比率行业均值	0.14	0.16	0.05	0.15	0.14

要求：

对红宝丽进行短期偿债能力综合分析。

案例 4：

（1）法尔胜流动比率如表 6-22 所示。

表 6-22　法尔胜流动比率　　　　　　　　　　金额单位：万元

项　目	2015 年	2016 年	2017 年	2018 年	2019 年
流动资产	194 929	190 195	186 729	696 182	795 433
流动负债	205 023	193 737	180 011	664 805	605 839
流动比率	0.95	0.98	1.04	1.05	1.31
流动比率行业均值	1.58	1.69	2.76	2.41	2.10

要求：

对法尔胜进行流动比率分析。

(2) 法尔胜速动比率如表 6-23 所示。

表 6-23　法尔胜速动比率　　　　　　　　金额单位：万元

项　　目	2015 年	2016 年	2017 年	2018 年	2019 年
速动资产	146 201	126 623	130 337	164 103	135 174
流动负债	205 023	193 737	180 011	664 805	605 839
速动比率	0.72	0.65	0.72	0.25	0.22
速动比率行业均值	1.02	1.11	2.03	1.63	1.31

要求：

对法尔胜进行速动比率分析。

(3) 法尔胜静态短期偿债能力综合分析如表 6-24 所示。

表 6-24　法尔胜静态短期偿债能力综合分析

项　　目	2015 年	2016 年	2017 年	2018 年	2019 年
流动比率	0.95	0.98	1.04	1.05	1.31
流动比率行业均值	1.58	1.69	2.76	2.41	2.10
速动比率	0.72	0.65	0.72	0.25	0.22
速动比率行业均值	1.02	1.11	2.03	1.63	1.31
现金比率	0.71	0.59	0.35	0.16	0.14
现金比率行业均值	0.28	0.23	0.22	0.25	0.21

要求：

对法尔胜进行静态短期偿债能力综合分析。

(4) 法尔胜短期偿债能力综合分析如表 6-25 所示。

表 6-25　法尔胜短期偿债能力综合分析

项　　目	2015 年	2016 年	2017 年	2018 年	2019 年
流动比率	0.95	0.98	1.04	1.05	1.31
流动比率行业均值	1.58	1.69	2.76	2.41	2.10
速动比率	0.72	0.65	0.72	0.25	0.22
速动比率行业均值	1.02	1.11	2.03	1.63	1.31
现金比率	0.71	0.59	0.35	0.16	0.14
现金比率行业均值	0.28	0.23	0.22	0.25	0.21
现金流量比率	−1.31	3.63	1.25	−9.11	−2.38
现金流量比率行业均值	1.32	3.61	−1.19	0.45	1.22

要求：

对法尔胜进行短期偿债能力综合分析。

案例 5：

(1) 雅克科技公司流动比率如表 6-26 所示。

表 6-26　雅克科技公司流动比率　　　　　　　　金额单位：万元

项　　目	2015 年	2016 年	2017 年	2018 年	2019 年
流动资产	107 318	125 382	111 948	74 410	62 743
流动负债	13 215	40 109	34 492	29 385	19 090
流动比率	8.12	3.13	3.25	2.53	3.29
流动比率行业均值	1.38	1.39	1.62	1.59	1.26

要求：

对雅克科技公司进行流动比率分析。

(2) 雅克科技公司速动比率如表 6-27 所示。

表 6-27　雅克科技公司速动比率　　　　　　　　金额单位：万元

项　目	2015 年	2016 年	2017 年	2018 年	2019 年
速动资产	40 829	50 640	38 900	38 626	36 874
流动负债	13 215	40 109	34 492	29 385	19 090
速动比率	3.09	1.26	1.13	1.31	1.93
速动比率行业均值	0.99	1.02	1.19	1.14	0.89

要求：

对雅克科技公司进行速动比率分析。

(3) 雅克科技公司静态短期偿债能力综合分析如表 6-28 所示。

表 6-28　雅克科技公司静态短期偿债能力综合分析

项　目	2015 年	2016 年	2017 年	2018 年	2019 年
流动比率	8.12	3.13	3.25	2.53	3.29
流动比率行业均值	1.38	1.39	1.62	1.59	1.26
速动比率	3.09	1.26	1.13	1.31	1.93
速动比率行业均值	0.99	1.02	1.19	1.14	0.89
现金比率	0.50	0.95	0.18	0.87	1.13
现金比率行业均值	0.04	0.16	0.10	0.14	0.19

要求：

对雅克科技公司进行静态短期偿债能力综合分析。

(4) 雅克科技公司短期偿债能力综合分析如表 6-29 所示。

表 6-29 雅克科技公司短期偿债能力综合分析

项 目	2015 年	2016 年	2017 年	2018 年	2019 年
流动比率	8.12	3.13	3.25	2.53	3.29
流动比率行业均值	1.38	1.39	1.62	1.59	1.26
速动比率	3.09	1.26	1.13	1.31	1.93
速动比率行业均值	0.99	1.02	1.19	1.14	0.89
现金比率	0.50	0.95	0.18	0.87	1.13
现金比率行业均值	0.04	0.16	0.10	0.14	0.19
现金流量比率	−0.24	0.63	0.32	0.22	0.02
现金流量比率行业均值	0.26	0.20	0.26	0.08	0.08

要求：

对雅克科技公司进行短期偿债能力综合分析。

案例 6：

(1) 伊利股份流动比率如表 6-30 所示。

表 6-30 伊利股份流动比率　　　　　　　　　　金额单位：万元

项 目	2015 年	2016 年	2017 年	2018 年	2019 年
流动资产	1 646 719	2 100 107	1 978 615	2 019 270	2 984 573
流动负债	1 551 699	1 875 656	1 820 202	1 490 745	2 385 003
流动比率	1.06	1.12	1.09	1.35	1.25
流动比率行业均值	1.62	1.85	2.18	2.21	2.31

要求：

对伊利股份进行流动比率分析。

(2) 伊利股份速动比率如表 6-31 所示。

表 6-31 伊利股份速动比率　　　　金额单位：万元

项　　目	2015 年	2016 年	2017 年	2018 年	2019 年
速动资产	795 722	1 538 123	1 446 741	1 510 747	2 400 990
流动负债	1 551 699	1 875 656	1 820 202	1 490 745	2 385 003
速动比率	0.51	0.82	0.79	1.01	1.01
速动比率行业均值	1.02	1.21	1.48	1.50	1.73

要求：

对伊利股份进行速动比率分析。

(3) 伊利股份静态短期偿债能力综合分析一览表如表 6-32 所示。

表 6-32 伊利股份静态短期偿债能力综合分析一览表

项　　目	2015 年	2016 年	2017 年	2018 年	2019 年
流动比率	1.06	1.12	1.09	1.35	1.25
流动比率行业均值	1.62	1.85	2.18	2.21	2.31
速动比率	0.51	0.82	0.79	1.01	1.01
速动比率行业均值	1.02	1.21	1.48	1.50	1.73
现金比率	0.44	0.77	0.73	0.93	0.92
现金比率行业均值	0.37	0.28	0.28	0.20	0.12

要求：

对伊利股份进行静态短期偿债能力综合分析。

(4) 伊利股份短期偿债能力综合分析一览表如表 6-33 所示。

表 6-33 伊利股份短期偿债能力综合分析一览表

项　　目	2015 年	2016 年	2017 年	2018 年	2019 年
流动比率	1.06	1.12	1.09	1.35	1.25
流动比率行业均值	1.62	1.85	2.18	2.21	2.31
速动比率	0.51	0.82	0.79	1.01	1.01
速动比率行业均值	1.02	1.21	1.48	1.50	1.73
现金比率	0.44	0.77	0.73	0.93	0.92
现金比率行业均值	0.37	0.28	0.28	0.20	0.12
现金流量比率	0.40	0.14	0.52	0.77	0.36
现金流量比率行业均值	0.31	0.37	0.28	0.27	0.36

要求：
对伊利股份进行短期偿债能力综合分析。

案例 7：

(1) 金螳螂流动比率如表 6-34 所示。

表 6-34 金螳螂流动比率　　　　　　　　　　金额单位：万元

项　　目	2015 年	2016 年	2017 年	2018 年	2019 年
流动资产	1 625 679	1 958 130	2 073 355	2 206 947	2 418 349
流动负债	1 108 898	1 364 725	1 551 208	1 666 642	1 602 290
流动比率	1.47	1.43	1.34	1.32	1.51
流动比率行业均值	1.78	1.94	2.03	1.74	1.64
流动比率标准值	2				

要求：
对金螳螂进行流动比率分析。

(2) 金螳螂速动比率如表 6-35 所示。

表 6-35 金螳螂速动比率　　　　　金额单位：万元

项目	2015 年	2016 年	2017 年	2018 年	2019 年
速动资产	1 528 725	1 797 526	1 935 241	2 102 745	2 208 722
流动负债	1 108 898	1 364 725	1 551 208	1 666 642	1 602 290
速动比率	1.38	1.32	1.25	1.26	1.38
速动比率行业均值	1.27	1.22	1.20	1.13	1.08
速动比率标准值	1.00	1.00	1.00	1.00	1.00

要求：
对金螳螂进行速动比率分析。

(3) 金螳螂静态短期偿债能力综合分析一览表如表 6-36 所示。

表 6-36　金螳螂静态短期偿债能力综合分析一览表

项目	2015 年	2016 年	2017 年	2018 年	2019 年
流动比率	1.47	1.43	1.34	1.32	1.51
流动比率行业均值	1.78	1.94	2.03	1.74	1.64
速动比率	1.38	1.32	1.25	1.26	1.38
速动比率行业均值	1.27	1.22	1.20	1.13	1.08
现金比率	0.36	0.20	0.16	0.17	0.24
现金比率行业均值	0.39	0.31	0.32	0.29	0.28

要求：
对金螳螂进行静态短期偿债能力综合分析。

(4) 金螳螂短期偿债能力综合分析如表 6-37 所示。

表 6-37　金螳螂短期偿债能力综合分析表

项　　目	2015 年	2016 年	2017 年	2018 年	2019 年
流动比率	1.47	1.43	1.34	1.32	1.51
流动比率行业均值	1.78	1.94	2.03	1.74	1.64
速度比率	1.38	1.32	1.25	1.26	1.38
速度比率行业均值	1.27	1.22	1.20	1.13	1.08
现金比率	0.36	0.20	0.16	0.17	0.24
现金比率行业均值	0.39	0.31	0.32	0.29	0.28
现金流量比率	0.11	−0.03	0.01	0.07	0.11
现金流量行业均值	−0.02	−0.03	−0.02	0.01	0.04

要求：
对金螳螂进行短期偿债能力综合分析。

（二）长期偿债能力分析

案例 1：

(1) 江苏阳光资产负债率如表 6-38 所示。

表 6-38　江苏阳光资产负债率　　　　　　　　　　金额单位：万元

项　　目	2015 年	2016 年	2017 年	2018 年	2019 年
负债总额	192 645	195 683	219 557	229 888	240 363
资产总额	384 832	387 726	424 271	450 251	472 166
资产负债率	50.06%	50.47%	51.75%	51.06%	50.91%
资产负债率行业均值	55.98%	54.16%	54.36%	52.11%	51.40%

要求：
对江苏阳光进行资产负债率分析。

(2) 江苏阳光利息保障倍数如表 6-39 所示。

表 6-39　江苏阳光利息保障倍数　　　　　金额单位：万元

项　　目	2015 年	2016 年	2017 年	2018 年	2019 年
息税前利润	23 291	21 370	26 773	33 247	23 276
利息支出	10 449	10 265	11 312	11 507	11 378
利息保障倍数	2.23	2.08	2.37	2.89	2.05

要求：

对江苏阳光进行利息保障倍数分析。

(3) 江苏阳光长期偿债能力指标综合分析如表 6-40 所示。

表 6-40　江苏阳光长期偿债能力指标综合分析表

项　　目	2015 年	2016 年	2017 年	2018 年	2019 年
资产负债率	50.06%	50.47%	51.75%	51.06%	50.91%
资产负债率行业均值	55.98%	54.16%	54.36%	52.11%	51.40%
利息保障倍数	2.23	2.08	2.37	2.89	2.05
现金债务总额比率	18.53%	11.32%	23.16%	12.29%	16.80%

要求：

对江苏阳光进行长期偿债能力指标综合分析。

案例 2：

（1）法尔胜资产负债率如表 6-41 所示。

表 6-41　法尔胜资产负债率　　　　　　　　金额单位：万元

项　　　目	2015 年	2016 年	2017 年	2018 年	2019 年
负债总额	211 409	197 275	253 591	788 101	656 432
资产总额	322 632	311 035	409 855	879 056	916 899
资产负债率	65.53%	63.43%	61.87%	89.65%	71.59%
资产负债率行业均值	61.43%	61.69%	59.74%	62.98%	61.73%

要求：

对法尔胜进行资产负债率分析。

（2）法尔胜利息保障倍数如表 6-42 所示。

表 6-42　法尔胜利息保障倍数　　　　　　　　金额单位：万元

项　　　目	2015 年	2016 年	2017 年	2018 年	2019 年
息税前利润	10 932	10 593	769	20 594	28 140
利息支出	8 109	8 623	6 074	5 135	10 767
利息保障倍数	1.35	1.23	0.13	4.01	2.61

要求：

对法尔胜进行利息保障倍数分析。

(3) 法尔胜长期偿债能力指标综合分析一览表如表 6-43 所示。

表 6-43　法尔胜长期偿债能力指标综合分析一览表

项　　目	2015 年	2016 年	2017 年	2018 年	2019 年
资产负债率	65.53%	63.43%	61.87%	89.65%	71.59%
资产负债率行业均值	61.43%	61.69%	59.74%	62.98%	61.73%
利息保障倍数	1.35	1.23	0.13	4.01	2.61
现金债务总额比率	-4.13%	5.80%	7.37%	-135.91%	-35.26%

要求：

对法尔胜进行长期偿债能力指标综合分析。

案例 3：

(1) 雅克科技资产负债率如表 6-44 所示。

表 6-44　雅克科技资产负债率　　　　　　　　金额单位：万元

项　　目	2015 年	2016 年	2017 年	2018 年	2019 年
负债总额	14 039	41 072	36 019	31 731	21 270
资产总额	138 838	168 916	170 988	183 998	177 246
资产负债率	10.11%	24.32%	21.07%	17.25%	12.00%
资产负债率行业均值	46.99%	46.46%	43.81%	45.27%	49.40%

要求：

对雅克科技进行资产负债率分析。

(2) 雅克科技利息保障倍数如表 6-45 所示。

表 6-45 雅克科技利息保障倍数　　　　　金额单位：万元

项　目	2015 年	2016 年	2017 年	2018 年	2019 年
息税前利润	9 527	7 530	10 996	7 681	3 814
利息支出	20.79	149.23	340.12	533.09	44.04
利息保障倍数	458.25	50.46	32.33	14.41	86.60

要求：
对雅克科技进行利息保障倍数分析。

(3) 雅克科技长期偿债能力指标综合分析如表 6-46 所示。

表 6-46 雅克科技长期偿债能力指标综合分析表

项　目	2015 年	2016 年	2017 年	2018 年	2019 年
资产负债率	10.11%	24.32%	21.07%	17.25%	12.00%
资产负债率行业均值	46.99%	46.46%	43.81%	45.27%	49.40%
利息保障倍数	458.25	50.46	32.33	14.41	86.60
现金债务总额比率	−23.24%	60.97%	31.26%	20.87%	2.14%

要求：
对雅克科技进行长期偿债能力指标综合分析。

案例 4：

（1）伊利股份资产负债率如表 6-47 所示。

表 6-47 伊利股份资产负债率　　　　　　　　　金额单位：万元

项　　目	2015 年	2016 年	2017 年	2018 年	2019 年
负债总额	1 656 461	2 067 274	1 948 505	1 602 639	2 406 054
资产总额	3 159 971	3 820 165	3 833 244	3 926 227	4 930 037
资产负债率	52.42%	54.11%	50.83%	40.82%	48.80%
资产负债率行业均值	38.76%	37.68%	36.46%	34.85%	30.79%

要求：

对伊利股份进行资产负债率分析。

（2）伊利股份利息保障倍数如表 6-48 所示。

表 6-48 伊利股份利息保障倍数　　　　　　　　金额单位：万元

项　　目	2015 年	2016 年	2017 年	2018 年	2019 年
息税前利润	306 038	478 589	552 353	663 207	707 411
利息支出	8 206.30	18 322.30	16 924.60	4 112.70	20 992.20
利息保障倍数	37.29	26.12	32.64	161.26	33.70

要求：

对伊利股份进行利息保障倍数分析。

（3）伊利股份长期偿债能力指标综合分析如表 6-49 所示。

表 6-49 伊利股份长期偿债能力指标综合分析表

项　　目	2015 年	2016 年	2017 年	2018 年	2019 年
资产负债率	52.42%	54.11%	50.83%	40.82%	48.80%
资产负债率行业均值	38.76%	37.68%	36.46%	34.85%	30.79%
利息保障倍数	37.29	26.12	32.64	161.26	33.70
现金债务总额比率	37.11%	13.09%	47.50%	72.19%	34.96%

要求：

对伊利股份进行长期偿债能力指标综合分析。

案例 5：

（1）金螳螂资产负债率如表 6-50 所示。

表 6-50 金螳螂资产负债率　　　　　　　　　　金额单位：万元

项　　目	2015 年	2016 年	2017 年	2018 年	2019 年
负债总额	1 223 403	1 438 182	1 605 856	1 668 068	1 643 422
资产总额	1 785 262	2 170 780	2 480 488	2 682 250	2 818 436
资产负债率	68.53%	66.25%	64.74%	62.19%	58.31%
资产负债率行业均值	60.81%	59.70%	58.63%	58.88%	59.88%

要求：

对金螳螂进行资产负债率分析。

(2) 金螳螂利息保障倍数如表 6-51 所示。

表 6-51 金螳螂利息保障倍数　　　　　　　　金额单位：万元

项　目	2015 年	2016 年	2017 年	2018 年	2019 年
息税前利润	194 103	230 367	196 148	207 476	242 291
利息支出	5 599	5 407	6 597	7 746	8 796
利息保障倍数	34.67	42.61	29.73	26.78	27.55

要求：

对金螳螂进行利息保障倍数分析。

(3) 金螳螂长期偿债能力指标综合分析如表 6-52 所示。

表 6-52 金螳螂长期偿债能力指标综合分析表

项　目	2015 年	2016 年	2017 年	2018 年	2019 年
资产负债率	68.53%	66.25%	64.74%	62.19%	58.31%
资产负债率行业均值	60.81%	59.70%	58.63%	58.88%	59.88%
利息保障倍数	34.67	42.61	29.73	26.78	27.55
现金债务总额比率	9.36%	−3.71%	0.54%	6.72%	10.73%

要求：

对金螳螂进行长期偿债能力指标综合分析。

(三) 综合偿债能力分析

案例 1：

江苏阳光偿债能力指标综合分析如表 6-53 所示。

表 6-53　江苏阳光集团偿债能力指标综合分析表

项　目	2015 年	2016 年	2017 年	2018 年	2019 年
流动比率	0.68	0.80	1.32	1.18	0.92
流动比率行业均值	0.44	0.42	0.39	0.41	0.39
速动比率	0.47	0.51	0.56	0.70	0.57
速动比率行业均值	0.67	0.74	0.75	0.72	0.75
现金比率	0.21	0.26	0.34	0.49	0.43
现金比率行业均值	−0.01	0.70	0.70	1.80	1.36
现金流量比率	0.19	0.12	0.29	0.18	0.20
现金流量比率行业均值	0.04	0.05	0.05	0.06	0.05
资产负债率	50.06%	50.47%	51.75%	51.06%	50.91%
资产负债率行业均值	55.98%	54.16%	54.36%	52.11%	51.40%
利息保障倍数	2.23	2.08	2.37	2.89	2.05

要求：

对江苏阳光进行偿债能力指标综合分析。

案例 2：

金螳螂偿债能力指标综合分析如表 6-54 所示。

表 6-54　金螳螂偿债能力指标综合分析表

项　目	2015 年	2016 年	2017 年	2018 年	2019 年
流动比率	1.47	1.43	1.34	1.32	1.51
流动比率行业均值	1.78	1.94	2.03	1.74	1.64
速动比率	1.38	1.32	1.25	1.26	1.38
速动比率行业均值	1.27	1.22	1.20	1.13	1.08

续表

项　　目	2015 年	2016 年	2017 年	2018 年	2019 年
现金比率	0.36	0.20	0.16	0.17	0.24
现金比率行业均值	0.39	0.31	0.32	0.29	0.28
现金流量比率	0.11	−0.03	0.01	0.07	0.11
现金流量比率行业均值	−0.02	−0.03	−0.02	0.01	0.04
资产负债率	68.53%	66.25%	64.74%	62.19%	58.31%
资产负债率行业均值	60.81%	59.70%	58.63%	58.88%	59.88%
利息保障倍数	34.67	42.61	29.73	26.78	27.55

要求：

对金螳螂进行偿债能力指标综合分析。

案例 3：

法尔胜偿债能力指标综合分析如表 6-55 所示。

表 6-55　法尔胜偿债能力指标综合分析表

项　　目	2015 年	2016 年	2017 年	2018 年	2019 年
流动比率	0.95	0.98	1.04	1.05	1.31
流动比率行业均值	1.58	1.69	2.76	2.41	2.10
速动比率	0.72	0.65	0.72	0.26	0.22
速动比率行业均值	1.02	1.11	2.03	1.63	1.31
现金比率	0.71	0.59	0.35	0.16	0.14
现金比率行业均值	0.28	0.23	0.22	0.25	0.21
现金流量比率	−1.31	3.63	1.25	−9.11	−2.38
现金流量比率行业均值	1.32	3.61	−1.19	0.45	1.22
资产负债率	65.53%	63.43%	61.87%	89.65%	71.59%
资产负债率行业均值	61.43%	61.69%	59.74%	62.98%	61.73%
利息保障倍数	1.35	1.23	0.13	4.01	2.61

要求：
对法尔胜进行偿债能力指标综合分析。

案例 4：
雅克科技偿债能力指标综合分析如表 6-56 所示。

表 6-56 雅克科技偿债能力指标综合分析表

项　　目	2015 年	2016 年	2017 年	2018 年	2019 年
流动比率	8.12	3.13	3.25	2.53	3.29
流动比率行业均值	1.38	1.39	1.62	1.59	1.26
速动比率	3.09	1.26	1.13	1.31	1.93
速动比率行业均值	0.99	1.02	1.19	1.14	0.89
现金比率	0.50	0.95	0.18	0.87	1.13
现金比率行业均值	0.04	0.16	0.10	0.14	0.19
现金流量比率	−0.24	0.63	0.32	0.22	0.02
现金流量比率行业均值	0.26	0.20	0.26	0.08	0.08
资产负债率	10.11%	24.32%	21.07%	17.25%	12.00%
资产负债率行业均值	46.99%	46.46%	43.81%	45.27%	49.40%
利息保障倍数	458.25	50.46	32.33	14.41	86.60

要求：
对雅克科技进行偿债能力指标综合分析。

案例 5：

伊利股份偿债能力指标综合分析如表 6-57 所示。

表 6-57 伊利股份偿债能力指标综合分析表

项　　目	2015 年	2016 年	2017 年	2018 年	2019 年
流动比率	1.06	1.12	1.09	1.35	1.25
流动比率行业均值	1.62	1.85	2.18	2.21	2.31
速动比率	0.51	0.82	0.79	1.01	1.01
速动比率行业均值	1.02	1.21	1.48	1.50	1.73
现金比率	0.44	0.77	0.73	0.93	0.92
现金比率行业均值	0.37	0.28	0.28	0.20	0.12
现金流量比率	0.40	0.14	0.52	0.77	0.36
现金流量比率行业均值	0.31	0.37	0.28	0.27	0.36
资产负债率	52.42%	54.11%	50.83%	40.82%	48.80%
资产负债率行业均值	38.76%	37.68%	36.46%	34.85%	30.79%
利息保障倍数	37.29	26.12	32.64	161.26	33.70

要求：

对伊利股份进行偿债能力指标综合分析。

任务二　盈利能力分析

一、简答题

1. 简述企业盈利能力分析应考虑的特殊因素及项目。

2. 简述盈利能力分析方法。

3. 简述计算稀释每股收益时,对归属于普通股股东的当期净利润的调整。

4. 简述净资产收益率的缺陷。

5. 简述营运能力、偿债能力和盈利能力的关系。

二、计算分析题

1. 某公司按当年年末数计算的存货周转率为 5 次,应收账款周转率为 10 次,销售收入净额为 800 万元,销售成本为 600 万元,流动资产比率为 25%,负债总额为 300 万元,发行在外的普通股为 80 万股,普通股每股市价为 20 元。假设流动资产由存货和应收账款构成,其他资产忽略不计,公司没有发行优先股,一年按 360 天计算,不考虑所得税因素。

要求:
计算市盈率、权益乘数和营业周期。

2. G上市公司2021年年初发行在外普通股总数为1.495亿股,2021年8月1日增发新股3 000万股;P上市公司2021年年初发行在外普通股总数为2亿股,2021年9月1日按10∶3的比例派发股票股利。两家上市公司2021年的净利润均为1.8亿元。

要求:

计算两家上市公司的基本每股收益。

3. 企业发生的业务事项与有关指标有一定的联系,如表6-58所示。

表6-58 企业业务事项与指标

业务事项	资产负债表	产权比率	有形净值债务比率	利息保障倍数
1. 用短期借款购买存货				
2. 支付股票股利				
3. 降低成本以增加利润				
4. 发行股票获得现金				
5. 偿还长期借款				

要求:

指出表中各业务事项对有关指标的影响,增加用"+"表示,减少用"-"表示,无影响用"0"表示。

4. 迪诺公司的资产负债表、利润表的部分项目有关资料如下：货币资金为 120 万元；流动负债合计为 200 万元；本期到期应付票据为 15 万元；本期到期长期负债为 17 万元；本期应付现金股利为 14 万元；净利润为 160 万元；经营活动产生的现金流量净额为 84 万元；流通股股数为 400 万股。

要求：

根据以上数据，计算与现金流量相关的财务比率：现金比率、每股经营活动现金流量、每股经营活动现金流量与净收益比率。

5. A 公司是一个上市公司，其上年净利润为 11 110 万元，本年净利润为 12 960 万元，发行在外的普通股平均为 2 200 万股，该公司无优先股。上年年终时普通股每股市价为 15 元，本年年终时普通股每股市价为 35 元。

要求：

计算 A 公司普通股每股收益、市盈率，并进行综合分析。

三、综合分析题

1. F 公司为上市公司，2020 年度利润分配及年末股东权益的有关资料如表 6-59 所示。

表 6-59　F 公司 2020 年度利润分配及股东权益资料

项　　目	金　额/万元	项　　目	金　额/万元
普通股股本（每股 1 元）	5 000	流通在外的股数	6 000 万股
优先股股本（每股 1 元）	1 000	税前利润	2 400 万元
资本公积	4 400	所得税	700 万元
盈余公积	2 400	普通股现金股利	2 400 万元
留存收益	5 500	优先股现金股利	700 万元
所有者权益合计	18 300	普通股每股市价	20.5 元

要求：
(1) 计算普通股每股收益、市盈率、每股股利、股利支付率。
(2) 运用一般标准对该企业每股收益、市盈率、每股股利、股利支付率进行说明。

2. 甲公司为上市公司，其 2020 年度有关资料如下：
(1) 2020 年度简化资产负债表如表 6-60 所示。

表 6-60　甲公司资产负债表　　　　　　　　　　单位：万元

资产	期初数	期末数	负债及股东权益	期初数	期末数
流动资产合计	450	750	流动负债合计	200	500
长期投资合计	300	350	长期负债合计	500	900
固定资产合计	1 150	1 850	股本	1 000	1 500
其他长期资产合计	100	50	股东权益合计	1 300	1 600
资产总计	2 000	3 000	负债与股东权益合计	2 000	3 000

(2) 2020 年度利润表有关项目如表 6-61 所示。

表 6-61　利润表有关项目一览表　　　　　　　　　单位：万元

项目	上年实际数	本年实际数
主营业务收入	30 120	37 000
主营业务成本	25 220	31 180
税金及附加	60	80
主营业务利润	4 840	5 740
销售费用	3 320	3 760
管理费用	680	1 180
财务费用	220	300
其他业务利润	38	170
营业利润	658	670
投资收益	-100	160
补贴收入	5	6

续表

项　　目	上年实际数	本年实际数
营业外收入	80	30
营业外支出	7	6
利润总额	636	860
所得税	56	90
净利润	580	770

(3) 甲公司 2020 年年初流通在外的普通股股数为 1 000 万股,每股面值 1 元,2019 年 7 月 1 日增发 500 万股,每股面值 1 元;年末每股市价为 16.5 元;本年度发放现金股利 450 万元;经营活动现金流量为 700 万元。

要求:

(1) 计算甲公司 2020 年度的总资产收益率(三种收益口径)、全面摊薄净资产收益率、加权平均净资产收益率、长期资金收益率、资本保值增值率、资产现金流量收益率、流动资产收益率和固定资产收益率,并作简要的评价。

(2) 计算甲公司 2020 年度的销售毛利率和销售净利率,并作简要的评价。

(3) 计算甲公司 2020 年度的基本每股收益、每股现金流量、每股股利、市盈率、股利支付率和股利收益率,并作简要的评价。

3. 乙公司 2020 年度财务报表主要资料如表 6-62 与表 6-63 所示。

表 6-62　资产负债表　　　　　　　　单位:万元

资　产	金　额 年　初	金　额 年　末	负债及所有者权益	金　额
现金	764	310	应付账款	516
应收账款	1 156	1 344	应付票据	336
存货	700	996	其他流动负债	468
固定资产净额	1 170	1 140	长期负债	1 026
			实收资本	1 444
资产合计	**3 790**	**3 790**	**负债及所有者权益合计**	**3 790**

表 6-63　利润表有关项目一览表　　　　　　　单位：万元

项　　目	金　　额
销售收入	8 430
销货成本	6 570
毛利	1 860
管理费用	980
利息费用	498
税前利润	382
所得税	152.8
净利	229.2

要求：
(1) 计算乙公司有关的财务比率，填入表 6-64。
(2) 与行业平均水平比较，说明乙公司可能存在的问题。

表 6-64　财务比率表

财　务　比　率	本公司	行业平均水平
1. 流动比率		2
2. 速动比率		1
3. 资产负债率		50%
4. 存货周转率		6
5. 应收账款周转率		9
6. 销售净利率		8%
7. 销售毛利率		20%
8. 股东权益报酬率		10%
9. 利息保障倍数		4

四、案例实战

案例 1：

(1) 金螳螂销售毛利率如表 6-65 所示。

表 6-65　金螳螂销售毛利率　　　　　　　　　　　金额单位：万元

项　　目	2015 年	2016 年	2017 年	2018 年	2019 年
主营业务收入	1 839 930	2 068 033	1 864 870	1 959 334	2 095 241
主营业务成本	1 514 402	1 687 498	1 533 221	1 635 720	1 745 877
销售毛利额	325 528	380 535	331 649	323 614	349 364
销售毛利率	17.69%	18.40%	17.78%	16.52%	16.67%

要求：

对金螳螂进行销售毛利率分析。

(2) 金螳螂总资产息税前利润率如表 6-66 所示。

表 6-66　金螳螂总资产息税前利润率　　　　　　　金额单位：万元

项　　目	2015 年	2016 年	2017 年	2018 年	2019 年
利润总额	188 504	224 960	189 551	199 730	233 495
利息支出	5 599	5 407	6 597	7 746	8 796
总资产平均余额	1 560 136	1 978 021	2 325 634	2 581 370	2 750 345
总资产息税前利润率	12.44%	11.65%	8.43%	8.04%	8.81%
总资产息税前利润率行业均值	9.72%	8.31%	5.59%	5.71%	5.44%

要求：

对金螳螂进行总资产息税前利润率分析。

(3) 金螳螂净资产利润率如表 6-67 所示。

表 6-67 金螳螂净资产利润率　　　　金额单位：万元

项　　目	2015 年	2016 年	2017 年	2018 年	2019 年
净利润	156 361	187 726	160 234	168 339	191 850
平均净资产	491 610	647 229	803 615	944 408	1 094 599
净资产利润率	31.81%	29.00%	19.94%	17.82%	17.53%
净资产利润率行业均值	17.96%	15.48%	9.59%	9.97%	8.75%

要求：

对金螳螂进行净资产利润率分析。

(4) 金螳螂建筑公司每股利润如表 6-68 所示。

表 6-68 金螳螂每股利润　　　　金额单位：万元

项　　目	2015 年	2016 年	2017 年	2018 年	2019 年
净利润	158 671	189 692	160 496	169 558	192 665
年末普通股股数	119 398	177 407	176 448	264 936	263 925
每股利润	1.33	1.07	0.91	0.64	0.73

要求：

对金螳螂进行每股利润分析。

(5) 金螳螂每股股利如表 6-69 所示。

表 6-69 金螳螂每股股利　　　金额单位：万元

项　　目	2015 年	2016 年	2017 年	2018 年	2019 年
股利总额	23 879.55	17 740.65	35 289.67	39 740.39	39 588.75
年末普通股股数	119 398	177 407	176 448	264 936	263 925
每股股利	0.20	0.10	0.20	0.15	0.15

要求：

对金螳螂进行每股股利分析。

(6) 金螳螂每股净资产如表 6-70 所示。

表 6-70 金螳螂每股净资产　　　金额单位：万元

项　　目	2015 年	2016 年	2017 年	2018 年	2019 年
年末股东权益	561 860	732 598	874 633	1 014 184	1 175 015
年末普通股股数	119 398	177 407	176 448	264 936	263 925
每股净资产	4.71	4.13	4.96	3.83	4.45

要求：

对金螳螂进行每股净资产分析。

(7) 金螳螂股利支付率如表6-71所示。

表6-71 金螳螂股利支付率　　　　　金额单位：元

项　　目	2015年	2016年	2017年	2018年	2019年
每股股利	0.20	0.10	0.20	0.15	0.15
每股利润	1.33	1.07	0.91	0.64	0.73
股利支付率	0.15	0.09	0.22	0.23	0.21

要求：

对金螳螂进行股利支付率分析。

(8) 金螳螂市盈率如表6-72所示。

表6-72 金螳螂市盈率　　　　　金额单位：元

项　　目	2015年	2016年	2017年	2018年	2019年
普通股每股市价	30.87	20.26	15.96	10.34	17.56
普通股每股收益	1.33	1.07	0.91	0.64	0.73
市盈率	23.21	18.93	17.54	16.15	24.05

要求：

对金螳螂进行市盈率分析。

(9) 金螳螂市净率如表 6-73 所示。

表 6-73 金螳螂市净率　　　　　金额单位：元

项　　目	2015 年	2016 年	2017 年	2018 年	2019 年
每股市价	30.87	20.26	15.96	10.34	17.56
每股净资产	4.71	4.13	4.96	3.83	4.45
市净率	6.55	4.91	3.22	2.70	3.95

要求：

对金螳螂进行市净率分析。

(10) 金螳螂股利获利率如表 6-74 所示。

表 6-74 金螳螂股利获利率　　　　　金额单位：元

项　　目	2015 年	2016 年	2017 年	2018 年	2019 年
每股股利	0.20	0.10	0.20	0.15	0.15
每股市价	30.87	20.26	15.96	10.34	17.56
股利获利率	0.65%	0.49%	1.25%	1.45%	0.85%
一年期银行存款利率	1.50%	1.50%	1.50%	1.50%	1.50%

要求：

对金螳螂进行股利获利率分析。

(11) 金螳螂盈利能力指标综合分析一览表如表 6-75 所示。

表 6-75 金螳螂盈利能力指标综合分析一览表

项 目	2015 年	2016 年	2017 年	2018 年	2019 年
销售净利率	8.62%	9.18%	8.61%	8.65%	9.18%
成本费用利用率	11.25%	11.93%	10.51%	10.26%	11.42%
净资产利润率	31.81%	29.00%	19.94%	17.82%	17.53%
净资产利润率行业均值	17.96%	15.48%	9.59%	9.97%	8.75%
长期资本报酬率	31.86%	35.60%	17.62%	19.89%	21.71%
每股利润	1.33	1.07	0.91	0.64	0.73
市盈率	23.21	18.93	17.54	16.15	24.05
销售净现率	5.43%	-1.67%	0.44%	5.61%	8.46%
现金毛利率	6.79%	-2.17%	0.50%	5.79%	8.04%

要求：

对金螳螂进行盈利能力指标综合分析。

案例 2：

(1) 美的集团销售毛利率如表 6-76 所示。

表 6-76 美的集团销售毛利率　　　　　金额单位：万元

项 目	2015 年	2016 年	2017 年	2018 年	2019 年
主营业务收入	11 239 658	13 106 205	12 856 460	14 717 398	22 348 990
主营业务成本	8 581 900	9 729 526	9 468 180	10 509 145	16 479 482
销售毛利额	2 657 758	3 376 679	3 388 280	4 208 253	5 869 508
销售毛利率	23.65%	25.76%	26.35%	28.59%	26.26%
行业均值	21.80%	20.24%	19.33%	21.60%	21.83%

要求：
对美的集团进行销售毛利率分析。

(2) 美的集团总资产息税前利润率如表 6-77 所示。

表 6-77　美的集团总资产息税前利润率　　　　　金额单位：万元

项　　目	2015 年	2016 年	2017 年	2018 年	2019 年
利润总额	1 001 177	1 399 068	1 605 135	1 891 460	2 185 477
利息费用	20 383	40 453	56 151	43 961	25 093
总资产平均余额	9 234 127	10 861 905	12 456 701	14 972 132	20 935 378
总资产息税前利润率	11.06%	13.25%	13.34%	12.93%	10.56%
总资产息税前利润率行业均值	8.00%	8.84%	7.59%	6.64%	3.39%

要求：
对美的集团进行总资产息税前利润率分析。

(3) 美的集团净资产利润率如表 6-78 所示。

表 6-78　美的集团净资产利润率　　　　　金额单位：万元

项　　目	2015 年	2016 年	2017 年	2018 年	2019 年
净利润	829 750	1 164 633	1 362 466	1 586 191	1 861 119
平均净资产	721 919	997 191	1 263 549	1 474 328	1 723 655
净资产利润率	114.94%	116.79%	107.83%	107.59%	107.98%
净资产利润率行业均值	13.70%	14.72%	11.76%	10.29%	5.06%

要求:
对美的集团进行净资产利润率分析。

(4) 美的集团每股利润如表 6-79 所示。

表 6-79 美的集团每股利润

项　　目	2015 年	2016 年	2017 年	2018 年	2019 年
净利润/万元	829 750	1 164 633	1 362 466	1 586 191	1 861 119
年末普通股股数/万股	122 877	421 580	424 404	642 331	649 225
每股利润/元	6.75	2.76	3.21	2.47	2.87

要求:
对美的集团进行每股利润分析。

(5) 美的集团每股股利如表 6-80 所示。

表 6-80 美的集团每股股利

项　　目	2015 年	2016 年	2017 年	2018 年	2019 年
股利总额/万元	729 951	1 050 222	1 270 672	1 468 435	1 728 368
年末普通股股数/万股	122 877	421 580	424 404	642 331	649 225
每股股利/元	5.94	2.49	2.99	2.29	2.66

要求：
对美的集团进行每股股利分析。

（6）美的集团每股净资产如表6-81所示。

表6-81 美的集团每股净资产

项　　目	2015年	2016年	2017年	2018年	2019年
年末股东权益/万元	3 908 056	4 573 146	5 603 162	6 897 670	8 292 517
年末普通股股数/万股	122 877	421 580	424 404	642 331	649 225
每股净资产	31.80	10.85	13.20	10.74	12.77

要求：
对美的集团进行每股净资产分析。

（7）美的集团股利支付率如表6-82所示。

表6-82 美的集团股利支付率

项　　目	2015年	2016年	2017年	2018年	2019年
每股股利/元	5.94	2.49	2.99	2.29	2.66
每股利润/元	6.75	2.76	3.21	2.47	2.87
股利支付率	0.88	0.90	0.93	0.93	0.93

要求：

对美的集团进行股利支付率分析。

(8) 美的集团市盈率如表 6-83 所示。

表 6-83　美的集团市盈率

项　　目	2015 年	2016 年	2017 年	2018 年	2019 年
普通股每股市价/元	44.56	30.42	36.02	30.55	61.66
普通股每股收益/元	6.75	2.76	3.21	2.47	2.87
市盈率	6.60	11.02	11.22	12.37	21.48

要求：

对美的集团进行市盈率分析。

(9) 美的集团市净率如表 6-84 所示。

表 6-84　美的集团市净率

项　　目	2015 年	2016 年	2017 年	2018 年	2019 年
每股市价/元	44.56	30.42	36.02	30.55	61.66
每股净资产/元	31.80	10.85	13.20	10.74	12.77
市净率	1.40	2.80	2.73	2.84	4.83

要求:
对美的集团进行市净率分析。

(10) 美的集团股利获利率如表 6-85 所示。

表 6-85　美的集团股利获利率

项　　目	2015 年	2016 年	2017 年	2018 年	2019 年
每股股利/元	5.94	2.49	2.99	2.29	2.66
每股市价/元	44.56	30.42	36.02	30.55	61.66
股利获利率	13.33%	8.19%	8.31%	7.50%	4.31%
一年期银行存款利率	3.25%	3.25%	2.25%	1.70%	2.00%

要求:
对美的集团进行股利获利率分析。

(11) 美的集团盈利能力指标综合分析如表 6-86 所示。

表 6-86　美的集团盈利能力指标综合分析

项　　目	2015 年	2016 年	2017 年	2018 年	2019 年
销售净利率	6.84%	8.18%	9.78%	9.92%	7.69%
成本费用利用率	9.49%	11.68%	13.71%	14.40%	10.55%
净资产利润率	114.94%	116.79%	107.83%	107.59%	107.98%
净资产利润率行业均值	13.70%	14.72%	11.76%	10.29%	5.06%

续表

项　　目	2015 年	2016 年	2017 年	2018 年	2019 年
长期资本报酬率	23.04%	33.56%	32.33%	30.79%	29.06%
每股利润	6.75	2.76	3.21	2.47	2.87
市盈率	6.60	11.02	11.22	12.37	21.48
销售净现率	8.31%	17.50%	19.33%	16.78%	10.15%
现金毛利率	11.89%	22.09%	19.93%	16.41%	11.79%

要求：

对美的集团进行盈利能力指标综合分析。

任务三　营运能力分析

一、简答题

1. 简述企业营运能力分析的内容及影响因素。

2. 简述确认销售商品收入的条件。

3. 简述企业管理当局进行营运能力分析的目的。

4. 简述计算总资产收益率时,选择不同收益口径的理论依据。

5. 简述营运资本周转率分析的意义。

二、计算分析题

1. 东方公司 2020 年的有关资料如下:

(1) 年初存货为 24 000 元,应收账款为 72 000 元,流动资产为 190 000 元,应付账款余额为 36 000 元。

(2) 年末流动负债为 60 000,流动比率为 2.5。

(3) 当年实现主营业务收入为 320 000 元,销售毛利率为 30%。

(4) 年末有关账户的余额分别为:"原材料"账户 14 000 元;"材料成本差异"账户 1 000 元(贷方);"生产成本"账户 4 000 元;"应收账款——甲公司"账户 32 000 元(借方),"应收账款——乙公司"账户 10 000 元(贷方);"应付账款——护航公司"账户 32 000 元(贷方),"应付账款——夏宇公司"账户 12 000 元(贷方)。

(5) 平均营运资本为 300 000 元。

要求：

（1）计算年末流动资产和速动比率。

（2）以主营业务收入代替赊销净额，计算存货周转率、应收账款周转率、存货周转天数、应收账款周转天数和营业周期（小数点后保留两位）。

（3）计算应付账款周转率、应付账款周转天数、现金周期。

（4）计算营运资本周转率、流动资产周转率和流动资产周转天数。

2. 星宇公司部分财务数据如下：

货币资金为 150 000 元，固定资产为 425 250 元，流动比率为 3，速动比率为 2，长期负债为 200 000 元，销售收入为 1 500 000 元，应收账款周转期为 40 天。

要求：

计算应收账款、流动负债、流动资产、总资产、资产负债率。（计算结果取整。）

3. 星宇公司 2020 年的存货周转率为 10，应收账款期初余额为 36 000 元，年末应收账款余额为 16 000 元，当年实现的主营业务收入为 160 000 元。

要求：

以主营业务收入代替赊销净额，计算存货周转天数、应收账款周转天数和营业周期。

4. 大大公司部分财务数据如下：

(1) 2020年年初的应付账款余额为18 000元，存货余款为12 000元。

(2) 当年实现的主营业务收入100 000元，销售毛利率为30%。

(3) 年末有关账户的余额分别为："原材料"账户7 000元，"材料成本差异"账户500元(货方)，"生产成本"账户2 000元，"应付账款"账户15 000元(货方)。

要求：

以本期存货增加额代替赊购净额，计算应付账款周转率、应付账款周转天数。

5. 大脚丫商贸公司2020年度赊销收入净额为2 000万元，销售成本为1 600万元；年初、年末应收账款余额分别为200万元和400万元；年初、年末存货余额分别为200万元和600万元；年末速动比率为1.2，年末现金比率为0.7。假定该企业流动资产由速动资产和存货组成，速动资产由应收账款和现金类资产组成(一年按360天计算)。

要求计算：

(1) 2020年应收账款周转天数。

(2) 2020年存货周转天数。

(3) 2020年年末流动负债和速冻资产。

(4) 2020年年末流动比率。

6. 佐罗公司年初存货为 60 000 元,年初应收账款为 50 800 元;年末流动比率为 3.0,速动比率为 1.3,存货周转率为 4 次,流动资产合计为 108 000 元。如果本年销售收入为 384 000 元,速动资产全部为应收账款。

要求:
(1) 计算公司本年销售成本。
(2) 该公司的营业周期有多长?(小数点保留至两位。)

三、综合分析题

星星企业连续 3 年资产负债表相关资产项目的数额如表 6-87 所示。

表 6-87　星星企业资产负债表相关资产项目数额　　　单位:万元

项目	2017 年	2018 年	2019 年
流动资产	2 190	2 690	2 680
其中:应收账款	946	1 030	1 140
存货	1 060	928	1 070
固定资产	3 800	3 340	3 500
资产总额	8 800	8 060	8 920

已知 2019 年主营业务收入为 10 485 万元,比 2018 年增长了 16%;2019 年主营业成本为 8 176 万元,比 2018 年增长了 12%(假定不考虑现销收入)。

要求:
(1) 计算该企业 2018 年和 2019 年的应收账款周转率、应收账款周转天数、存货周转率、存货周转天数、营业周期、流动资产周转率、流动资产周转天数、固定资产周转率、固定资产周转天数、总资产周转率、总资产周转天数。
(2) 结合(1)的计算结果对该企业的营运能力进行简要评价。

四、案例实战

案例 1：

(1) 美的集团存货周转速度分析如表 6-88 所示。

表 6-88　美的集团存货周转速度分析　　　　金额单位：万元

项　　目	2015 年	2016 年	2017 年	2018 年	2019 年
营业成本	9 281 806	10 566 969	10 266 282	11 561 544	18 046 055
存货平均余额	1 427 386	1 510 887	1 273 448	1 303 792	2 253 553
存货周转率/次	6.50	6.99	8.06	8.87	8.01
存货周转率行业均值/次	5.76	5.91	5.46	5.15	2.61

要求：

对美的集团进行存货周转速度分析。

(2) 美的集团应收账款周转速度分析如表 6-89 所示。

表 6-89　美的集团应收账款周转速度分析　　　　金额单位：万元

项　　目	2015 年	2016 年	2017 年	2018 年	2019 年
营业收入	12 097 500	14 166 818	13 844 123	15 904 404	24 071 230
应收账款平均余额	889 650	864 527	986 691	1 191 310	1 549 161
应收账款周转率/次	13.60	16.39	14.03	13.35	15.54
应收账款周转率行业均值/次	12.22	11.81	10.99	9.15	4.28

要求：

对美的集团进行应收账款周转速度分析。

(3) 美的集团总资产周转速度分析如表 6-90 所示。

表 6-90　美的集团总资产周转速度分析　　　　金额单位：万元

项　目	2015 年	2016 年	2017 年	2018 年	2019 年
营业收入	12 097 500	14 166 818	13 844 123	15 904 404	24 071 230
总资产平均余额	9 234 127	10 861 905	12 456 701	14 972 132	20 935 378
总资产周转率/次	1.31	1.30	1.11	1.06	1.15
总资产周转天数/天	274.79	276.02	323.92	338.90	313.10

要求：

对美的集团进行总资产周转速度分析。

(4) 美的集团营运能力指标综合分析如表 6-91 所示。

表 6-91　美的集团营运能力指标综合分析　　　　单位：次

项　目	2015 年	2016 年	2017 年	2018 年	2019 年
总资产周转率	1.31	1.30	1.11	1.06	1.15
固定资产周转率	0.16	0.14	0.14	0.13	0.09
流动资产周转率	2.00	1.87	1.54	1.49	1.66
流动资产周转率行业均值	2.50	2.50	2.20	2.10	1.90
应收账款周转率	13.60	16.39	14.03	13.35	15.54
应收账款周转率行业均值	12.22	11.81	10.99	9.15	4.28
存货周转率	6.50	6.99	8.06	8.87	8.01
存货周转率行业均值	5.76	5.91	5.46	5.15	2.61

要求：

对美的集团进行营运能力指标综合分析。

案例 2：

（1）红宝丽存货周转速度分析如表 6-92 所示。

表 6-92　红宝丽存货周转速度分析　　　金额单位：万元

项　目	2015 年	2016 年	2017 年	2018 年	2019 年
营业成本	161 602	175 757	145 650	157 587	193 162
存货平均余额	23 522	23 783	21 577	23 019	31 170
存货周转率/次	6.87	7.39	6.75	6.85	6.20
存货周转率行业均值/次	6.67	8.94	7.14	7.3	10.47

要求：

对红宝丽进行存货周转速度分析。

（2）红宝丽应收账款周转速度分析如表 6-93 所示。

表 6-93　红宝丽应收账款周转速度分析　　　金额单位：万元

项　目	2015 年	2016 年	2017 年	2018 年	2019 年
营业收入	191 617	213 040	182 748	183 384	217 125
应收账款平均余额	25 218	30 715	28 783	28 413	29 532
应收账款周转率/次	7.60	6.94	6.35	6.45	7.35
应收账款周转率行业均值/次	3.20	3.40	3.40	0.50	1.70
应收账款周转天数/天	47.37	51.87	56.69	55.81	48.98

要求：

对红宝丽应收账款周转速度分析。

(3) 红宝丽总资产周转速度分析如表 6-94 所示。

表 6-94 红宝丽总资产周转速度分析　　　　　　金额单位：万元

项目	2015 年	2016 年	2017 年	2018 年	2019 年
营业收入	191 617	213 040	182 748	183 384	217 125
总资产平均余额	271 511	214 548	178 820	180 959	179 786
总资产周转率/次	0.71	0.99	1.02	1.01	1.21

要求：

对红宝丽进行总资产周转速度分析。

(4) 红宝丽营运能力指标综合分析。

表 6-95 红宝丽营运能力指标综合分析　　　　　　单位：次

项目	2015 年	2016 年	2017 年	2018 年	2019 年
总资产周转率	0.71	0.99	1.02	1.01	1.21
固定资产周转率	2.88	3.02	2.69	2.73	3.21
流动资产周转率	1.95	2.18	2.03	1.68	1.63
流动资产周转率行业均值	1.00	1.10	1.10	19.20	0.90
应收账款周转率	7.60	6.94	6.35	6.45	7.35
应收账款周转率行业均值	3.20	3.40	3.40	0.50	1.70
存货周转率	6.87	7.39	6.75	6.45	5.95
存货周转率行业均值	6.67	8.94	7.14	7.30	10.47

要求：

对红宝丽进行营运能力指标综合分析。

案例 3：

(1) 法尔胜存货周转速度分析如表 6-96 所示。

表 6-96 法尔胜存货周转速度分析　　　金额单位：万元

项　　目	2015 年	2016 年	2017 年	2018 年	2019 年
营业成本	130 860	133 558	123 442	161 492	163 866
存货平均余额	40 869	44 342	48 361	45 554	23 815
存货周转率/次	3.2	3.01	2.55	3.55	6.88
存货周转率行业均值/次	4.42	4.15	4.24	4.64	5.23

要求：

对法尔胜存货周转速度进行分析。

(2) 法尔胜应收账款周转速度分析如表 6-97 所示。

表 6-97 法尔胜应收账款周转速度分析　　　金额单位：万元

项　　目	2015 年	2016 年	2017 年	2018 年	2019 年
营业收入	156 644	155 209	142 654	190 674	200 429
应收账款平均余额	58 429	57 723	60 452	62 277	42 132
应收账款周转率/次	2.68	2.69	2.36	3.06	4.76
应收账款周转率行业均值/次	5.61	5.55	4.57	4.22	7.63
应收账款周转天数/天	134.33	133.83	152.54	117.65	75.63

要求：

对法尔胜应收账款周转速度进行分析。

(3) 法尔胜总资产周转速度分析如表 6-98 所示。

表 6-98　法尔胜总资产周转速度分析　　　　金额单位：万元

项　　目	2015 年	2016 年	2017 年	2018 年	2019 年
营业收入	156 644	155 209	142 654	190 674	200 429
总资产平均余额	235 236	235 861	220 970	272 380	923 934
总资产周转率/次	0.67	0.66	0.65	0.70	0.22
总资产周转天数/天	537.31	545.45	553.85	514.29	1 636.36

要求：

对法尔胜总资产周转速度进行分析。

(4) 法尔胜营运能力指标综合分析如表 6-99 所示。

表 6-99　法尔胜营运能力指标综合分析　　　　单位：次

项　　目	2015 年	2016 年	2017 年	2018 年	2019 年
总资产周转率	0.67	0.66	0.65	0.70	0.22
固定资产周转率	4.63	5.28	5.88	13.37	8.41
流动资产周转率	0.89	0.81	0.76	0.43	0.26
流动资产周转率行业均值	1.41	1.49	1.24	1.05	1.24
应收账款周转率	2.68	2.69	2.36	3.06	4.76
应收账款周转率行业均值	5.61	5.55	4.57	4.22	7.63
存货周转率	3.20	3.01	2.55	3.55	6.95
存货周转率行业均值	4.42	4.15	4.24	4.64	5.23

要求：

对法尔胜营运能力指标进行综合分析。

案例 4：
(1) 伊利股份存货周转速度分析如表 6-100 所示。

表 6-100　伊利股份存货周转速度分析　　　　　金额单位：万元

项　　目	2015 年	2016 年	2017 年	2018 年	2019 年
营业成本	3 408 276	3 639 999	3 837 559	3 742 371	4 156 235
存货平均余额	307 298	434 557	483 568	449 445	448 288
存货周转率/次	11.09	8.38	7.94	8.33	9.27
存货周转率行业均值/次	2.77	3.01	3.35	3.27	2.76
存货周转天数/天	32.46	42.98	45.36	43.23	38.83

要求：
对伊利股份存货周转速度进行分析。

(2) 伊利股份应收账款周转速度分析如表 6-101 所示。

表 6-101　伊利股份应收账款周转速度分析　　　　金额单位：万元

项　　目	2015 年	2016 年	2017 年	2018 年	2019 年
营业收入	4 777 887	5 443 643	6 035 987	6 060 922	6 805 817
应收账款平均余额	30 021	42 655	54 260	57 215	67 913
应收账款周转率/次	159.15	127.62	111.24	105.93	100.21
应收账款周转率行业均值/次	28.08	48.98	56.76	80.79	73.67

要求：
对伊利股份应收账款周转速度进行分析。

(3) 伊利股份总资产周转速度分析如表 6-102 所示。

表 6-102　伊利股份总资产周转速度分析　　　　金额单位：万元

项　　目	2015 年	2016 年	2017 年	2018 年	2019 年
营业收入	4 777 887	5 443 643	6 035 987	6 060 922	6 805 817
总资产平均余额	2 238 504	3 618 584	3 956 263	3 944 662	4 428 131
总资产周转率/次	2.13	1.50	1.53	1.54	1.54
总资产周转天数/天	168.66	239.30	235.96	234.30	234.23

要求：

对伊利股份总资产周转速度进行分析。

(4) 伊利股份营运能力指标综合分析如表 6-103 所示。

表 6-103　伊利股份营运能力指标综合分析　　　　单位：次

项　　目	2015 年	2016 年	2017 年	2018 年	2019 年
总资产周转率	2.13	1.50	1.53	1.54	1.54
固定资产周转率	1.28	4.59	4.33	4.36	5.12
流动资产周转率	1.35	2.88	2.94	3.02	2.70
流动资产周转率行业均值	1.43	1.62	1.85	2.18	2.20
应收账款周转率	159.15	127.62	111.24	105.93	100.21
应收账款周转率行业均值	28.08	48.98	56.76	80.79	73.67
存货周转率	11.09	8.38	7.94	8.33	9.27
存货周转率行业均值	2.77	3.01	3.35	3.27	2.76

要求：

对伊利股份营运能力指标进行综合分析。

任务四　发展能力分析

一、简答题

1. 简述企业发展能力分析框架。

2. 简述企业竞争策略分析。

3. 简述企业所面临的四种周期类型的关系。

4. 简述股利增长率。

二、计算题分析题

1. 某公司 2017 至 2020 年的销售收入分别是 1 000 万元、1 200 万元、1 500 万元和 1 200 万元。

要求：

计算该公司每年的销售增长率和 2017 至 2020 年的三年销售平均增长率。

2. 某公司资料：

(1) 某公司 2020 年度简化资产负债表如表 6-104 所示。

表 6-104　资产负债表(简表)　　　　　　　　单位：万元

资　　产	期初数	期末数	负债及股东权益	期初数	期末数
流动资产合计	500	700	流动负债合计	200	500
长期投资合计	300	350	长期负债合计	500	800
固定资产原值	1 500	2 100			
固定资产合计	1 200	1 750	股本	1 000	1 500
无形资产合计	200	100	股东权益合计	1 500	1 600
资产总计	2 200	2 900	负债与股东权益总计	2 200	2 900

(2) 2019 年年末，该公司流通在外的普通股股数为 1 000 万股，每股股利为 0.5 元；2018 年 6 月 1 日，增发普通股 100 万股，2020 年度发放的现金股利为 500 万元。

要求：

根据上述资料计算该公司的总资产增长率、固定资产增长率、固定资产成新率、资本积累率和股利增长率。

三、综合分析题

(1) 甲公司和乙公司为规模差异较小的信息技术制造业企业，2015 年至 2020 年的销售收入情况如表 6-105 和 6-106 所示。

表 6-105　2015—2020 年销售收入情况表　　　　　　　　单位：万元

年　　度	2015 年	2016 年	2017 年	2018 年	2019 年	2020 年
甲公司	11 275	13 750	15 400	13 200	16 500	19 250
乙公司	9 000	8 550	10 080	13 050	17 280	23 220

(2) 2016 年至 2020 年的销售增长率的行业平均值如表 6-106 所示。

表 6-106　2016—2020 年销售增长率行业平均值

年　　度	2016 年	2017 年	2018 年	2019 年	2020 年
销售增长率(行业平均值)	11.98%	19.02%	34.89%	22.18%	18.99%

要求：
(1) 计算甲公司和乙公司 2016 年至 2020 年的销售增长率。
(2) 结合行业平均值，对甲公司、乙公司 2016 年至 2020 年的销售增长率作出简要的评价。

四、案例实战

案例 1：

美的集团发展能力指标综合分析如表 6-107 所示。

表 6-107　美的集团发展能力指标综合分析

项　　目	2015 年	2016 年	2017 年	2018 年	2019 年
股东权益增长率	17.84%	17.02%	22.52%	23.10%	20.22%
资产增长率	10.50%	24.08%	7.11%	32.41%	45.43%
销售增长率	17.91%	17.11%	-2.28%	14.88%	51.35%
收益增长率	29.86%	39.74%	14.73%	17.84%	15.54%

要求：
对美的集团进行发展能力指标综合分析。

案例 2：

江苏阳光发展能力指标综合分析如表 6-108 所示。

表 6-108　江苏阳光发展能力指标综合分析

项　　目	2015 年	2016 年	2017 年	2018 年	2019 年
股东权益增长率	5.61%	-0.07%	6.60%	7.65%	5.19%
资产增长率	-11.12%	0.75%	9.43%	6.12%	4.87%
销售增长率	-17.21%	-3.28%	-9.52%	2.08%	2.80%
收益增长率	-109.22%	-13.52%	39.21%	40.62%	-45.27%

要求：

对江苏阳光进行发展能力指标综合分析。

案例 3：

红宝丽发展能力指标综合分析如表 6-109 所示。

表 6-109　红宝丽发展能力指标综合分析

项　　目	2015 年	2016 年	2017 年	2018 年	2019 年
股东权益增长率	-0.42%	942.38%	-89.45%	45.35%	0.02%
资产增长率	-2.66%	0.41%	39.39%	17.34%	2.47%
销售增长率	15.78%	11.18%	-14.22%	0.35%	18.40%
收益增长率	-43.68%	138.59%	14.04%	-33.65%	-50.28%

要求：

对红宝丽化工公司进行发展能力指标综合分析。

案例 4：

雅克科技发展能力指标综合分析如表 6-110 所示。

表 6-110　雅克科技发展能力指标综合分析

项　　目	2015 年	2016 年	2017 年	2018 年	2019 年
股东权益增长率	4.58%	2.44%	5.57%	12.81%	2.44%
资产增长率	5.98%	21.66%	1.23%	7.61%	−3.67%
销售增长率	24.26%	1.04%	−23.99%	−11.06%	26.66%
收益增长率	−5.50%	−20.95%	46.02%	−30.14%	−50.35%

要求：

对雅克科技进行发展能力指标综合分析

案例 5：

伊利股份发展能力指标综合分析如表 6-111 所示。

表 6-111　伊利股份发展能力指标综合分析

项　　目	2015 年	2016 年	2017 年	2018 年	2019 年
股东权益在增长率	116.78%	15.38%	7.04%	15.34%	8.62%
资产增长率	70.37%	42.88%	0.35%	−0.93%	25.57%
销售增长率	13.78%	13.93%	10.88%	0.41%	12.29%
收益增长率	46.66%	56.38%	15.41%	20.07%	6.66%

要求：

对伊利股份进行发展能力指标综合分析。

项目七　综合财务分析

一、简答题

1. 简述杜邦分析的基本内容。

2. 杜邦分析法有哪些优点？

二、计算题

红太阳公司 2020 年有关财务数据如表 7-1 所示。

表 7-1　红太阳公司有关财务数据　　　　　单位：万元

项　目	上　年	本　年
平均总资产	46 780	49 120
平均净资产	25 729	25 051
销售收入	37 424	40 278
净利润	3 473	3 557

要求:

根据表 7-1 的资料,按杜邦财务分析体系对该公司的净资产收益率变动原因进行分析。

三、综合分析题

1. 恒运公司 2020 年度实现主营业务收入 3 500 万元,主营业务成本 3 300 万元,净利润 400 万元。该公司流动资产的期初、期末数分别为 2 350 万元和 2 430 万元,固定资产的期初、期末数分别为 1 980 万元和 2 310 万元。且该公司不存在其他资产。

要求:

(1) 根据上述资料计算该公司有关指标,填制表 7-2。

表 7-2 恒运公司有关财务比率

财 务 比 率	本 公 司	行业平均水平
流动资产周转率		3 次
固定资产周转率		2 次
总资产周转率		1.5 次
销售毛利率		20%
销售净利率		10%
总资产收益率		15%

(2) 与行业平均水平比较,分析该公司流动资产周转率情况,并说明如何分析该指标。

(3) 与行业平均水平比较,分析该公司固定资产周转是否存在问题及其对策。

(4) 比较分析销售毛利率和销售净利率,说明该公司盈利能力可能存在的问题,并提出改进建议。

(5) 以行业平均值为基准指标,采用因素分析法确定总资产周转率和销售净利率对总资产收益率的影响程度。

2. 运用杜邦分析法评价某企业财务状况，相关数据如表 7-3 所示。

表 7-3　相关财务数据　　　　　　　　单位：万元

项　　目	2019 年	2020 年
销售收入（其中赊销收入）	280(76)	350(80)
全部成本	235	288
其中：销售成本	108	120
管理费用	87	98
财务费用	29	55
销售费用	11	15
利润总额	45	62
所得税	15	21
税后净利	30	41
资产总额（其中固定资产）	128(59)	198(78)
库存现金	21	39
应收账款	8	14
存货	40	67
负债总额	35	88

要求：

运用杜邦分析法对该企业的股东权益报酬率进行分析。

3. 某公司 2020 年财务状况综合如表 7-4 所示。

表 7-4　某公司财务状况

财务比率	权重	标准值	实际值	相对值	评分
盈利能力					
净资产收益率	15	4%	3.5%		
总资产收益率	15	1.5%	1.54%		
销售净利率	18	0.8%	1.25%		

续表

财务比率	权重	标准值	实际值	相对值	评分
偿债能力					
流动比率	10	1.1	1.24		
股权比率	8	0.2	0.36		
利息保障倍数	10	3	3.2		
营运能力					
存货周转率	8	4.2	3.8		
应收账款周转率	8	12	10		
总资产周转率	8	1.4	1.3		
合 计	**100**				

要求：

计算出该公司的相对值及相关评分值，对该公司进行评价。

四、案例实战

案例1：

红宝丽杜邦分析指标如表 7-5 所示。

表 7-5 红宝丽杜邦分析指标计算表

分析指标	2018 年	2019 年
销售净利率	9.15%	3.77%
总资产周转率	0.59	0.42
资产收益率	5.40%	1.58%
权益乘数	1.57	1.80

要求：

用因素分析法对红宝丽进行杜邦分析（红宝丽 2018 年和 2019 年杜邦分析图如图 7-1 和图 7-2 所示）。

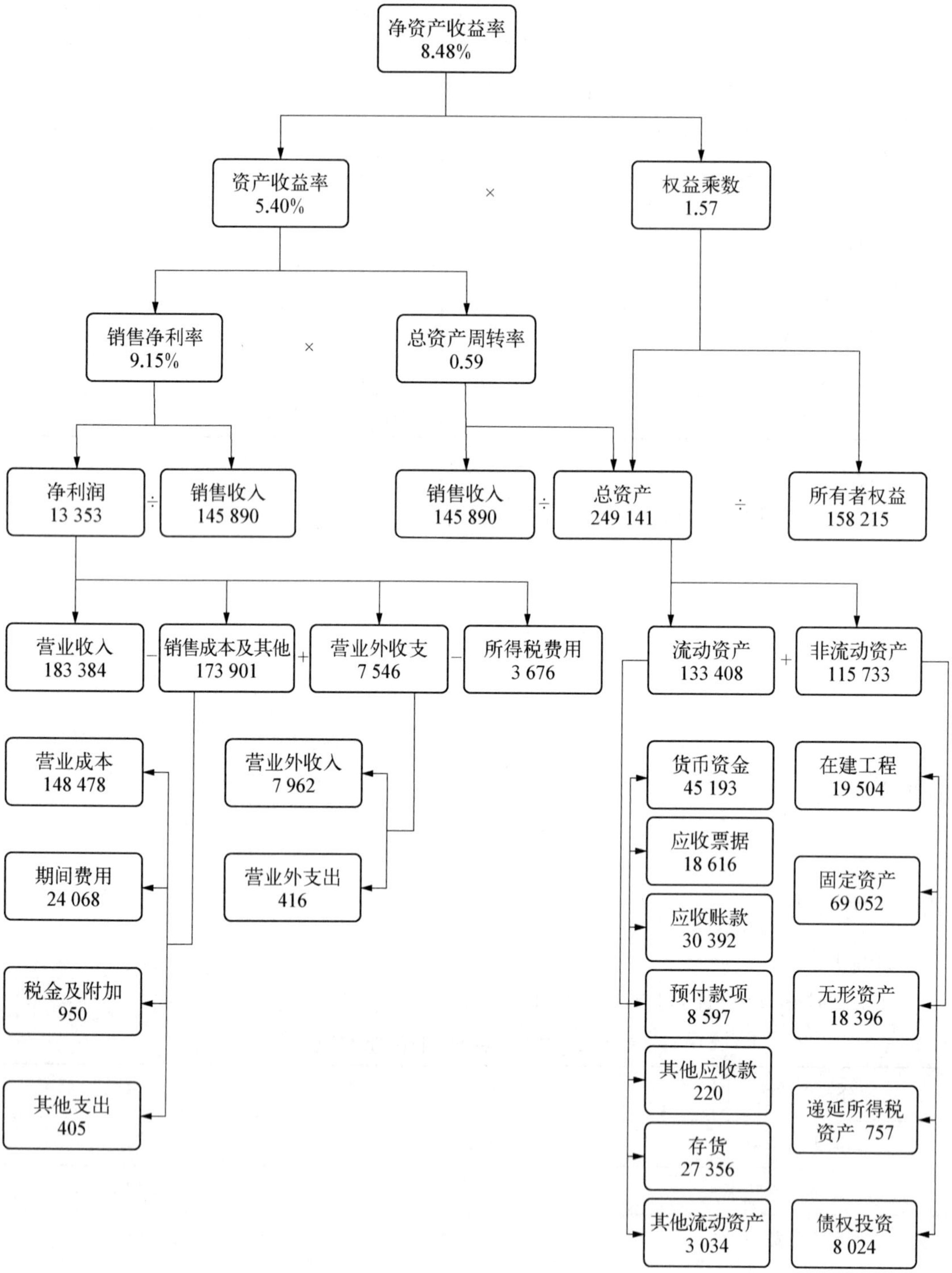

图 7-1　红宝丽 2018 年杜邦分析图

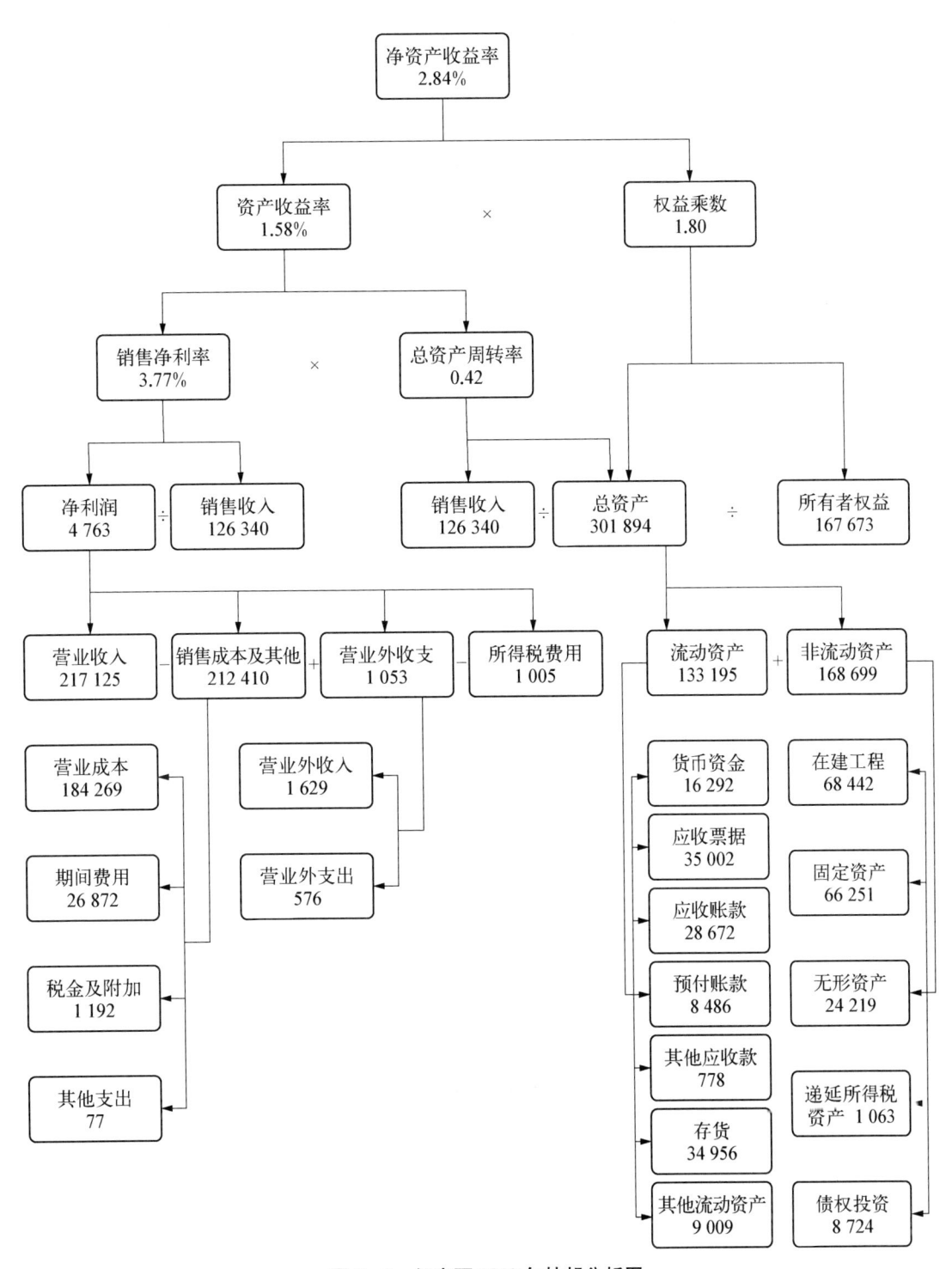

图 7-2 红宝丽 2019 年杜邦分析图

案例 2：

伊利股份 2018 和 2019 年杜邦分析指标如表 7-6 所示，2018 年和 2019 年杜邦分析图如图 7-3 和图 7-4 所示：

表 7-6 伊利股份杜邦分析指标计算表

分析指标	2018 年	2019 年
销售净利率	9.40%	8.82%
总资产周转率	1.54	1.38
资产净利率	14.48%	12.17%
权益乘数	1.69	1.95
净资产收益率	24.47%	23.73%

要求：

用因素分析法对伊利股份进行杜邦分析。

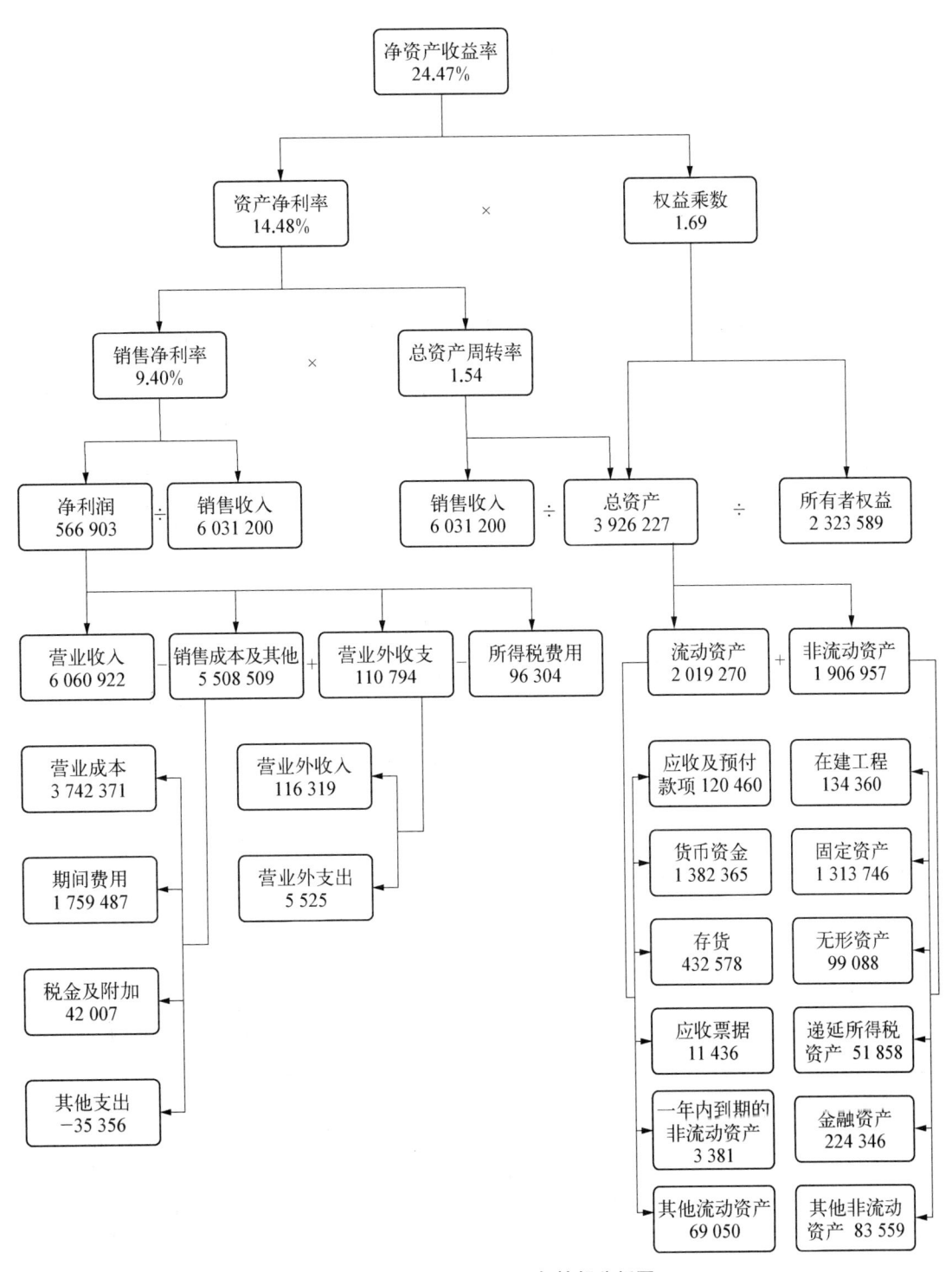

```
                              净资产收益率
                                24.47%
                    ┌─────────────┴─────────────┐
              资产净利率           ×          权益乘数
                14.48%                          1.69
        ┌────────┴────────┐
    销售净利率    ×    总资产周转率
      9.40%              1.54
    ┌───┴───┐          ┌───┴───┐              ┌───┴───┐
  净利润 ÷ 销售收入    销售收入 ÷ 总资产       ÷  所有者权益
  566 903  6 031 200   6 031 200  3 926 227      2 323 589
```

净利润 566 903 的分解：
- 营业收入 6 060 922
- 销售成本及其他 5 508 509
- 营业外收支 110 794
- 所得税费用 96 304

销售成本及其他 5 508 509 的构成：
- 营业成本 3 742 371
- 期间费用 1 759 487
- 税金及附加 42 007
- 其他支出 −35 356

营业外收支 110 794 的构成：
- 营业外收入 116 319
- 营业外支出 5 525

总资产 3 926 227 的分解：
- 流动资产 2 019 270
- 非流动资产 1 906 957

流动资产 2 019 270：
- 应收及预付款项 120 460
- 货币资金 1 382 365
- 存货 432 578
- 应收票据 11 436
- 一年内到期的非流动资产 3 381
- 其他流动资产 69 050

非流动资产 1 906 957：
- 在建工程 134 360
- 固定资产 1 313 746
- 无形资产 99 088
- 递延所得税资产 51 858
- 金融资产 224 346
- 其他非流动资产 83 559

图 7-3 伊利股份 2018 年杜邦分析图

```
                        ┌──────────────────┐
                        │  净资产收益率    │
                        │     23.73%       │
                        └────────┬─────────┘
                 ┌───────────────┴───────────────┐
         ┌───────┴────────┐              ┌───────┴────────┐
         │  资产净利率    │      ×       │   权益乘数     │
         │    12.17%      │              │     1.95       │
         └───────┬────────┘              └────────────────┘
     ┌───────────┴───────────┐
┌────┴─────┐            ┌────┴─────┐
│销售净利率│     ×      │总资产周转率│
│  8.82%   │            │   1.38   │
└────┬─────┘            └────┬─────┘
```

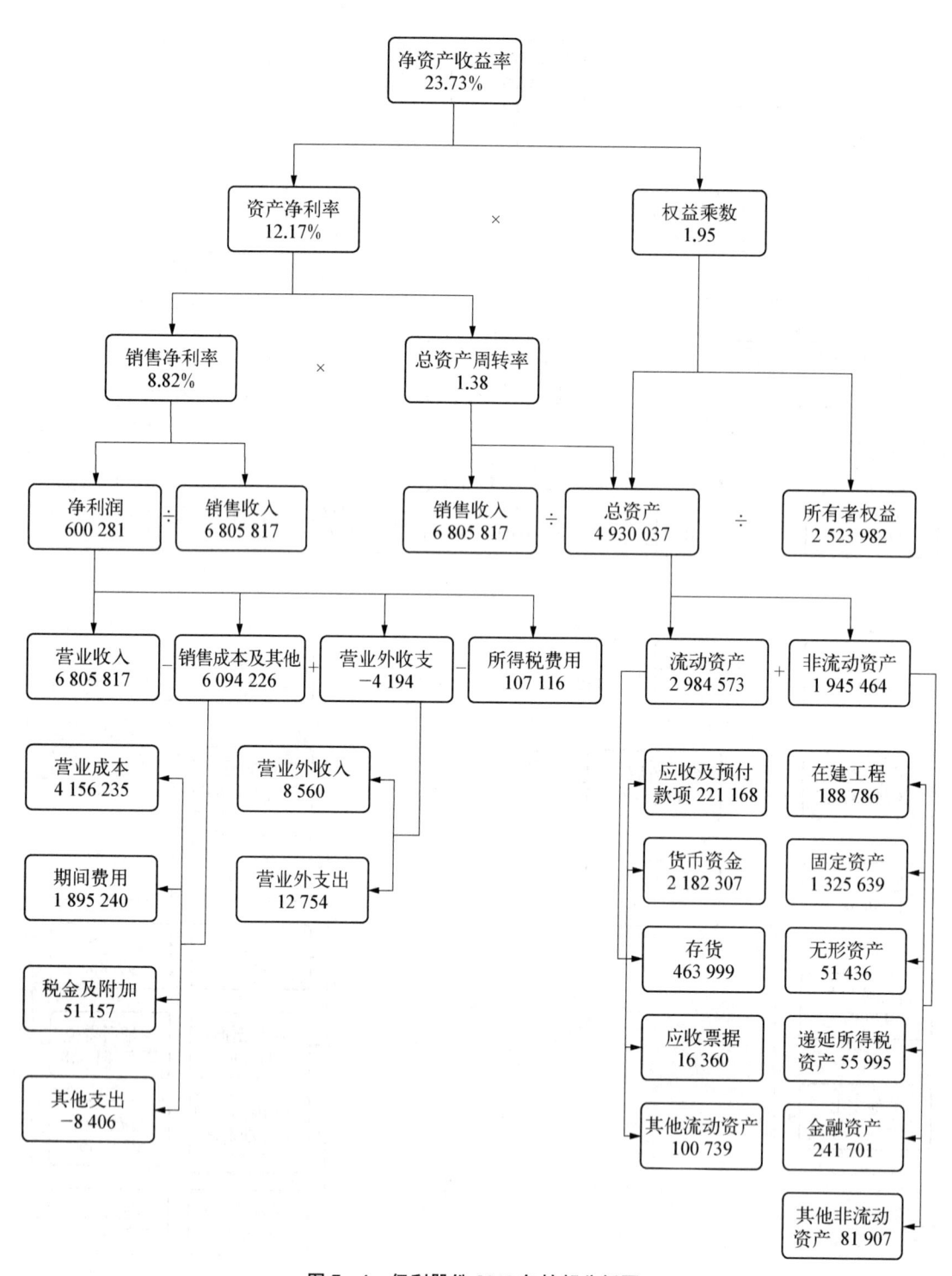

┌─────────┬─────────┐   ┌─────────┬─────────┐   ┌─────────┐
│ 净利润 │ 销售收入│   │销售收入 │ 总资产 │   │所有者权益│
│ 600 281 │6 805 817│   │6 805 817│4 930 037│   │2 523 982 │
└─────────┴─────────┘   └─────────┴─────────┘   └─────────┘

营业收入	销售成本及其他	营业外收支	所得税费用	流动资产	非流动资产
6 805 817	6 094 226 +	−4 194	107 116	2 984 573+	1 945 464

营业成本 4 156 235　　营业外收入 8 560　　　应收及预付款项 221 168　　在建工程 188 786

期间费用 1 895 240　　营业外支出 12 754　　　货币资金 2 182 307　　　固定资产 1 325 639

税金及附加 51 157　　　　　　　　　　　　　　存货 463 999　　　　　　无形资产 51 436

其他支出 −8 406　　　　　　　　　　　　　　应收票据 16 360　　　　　递延所得税资产 55 995

　　　　　　　　　　　　　　　　　　　　　其他流动资产 100 739　　　金融资产 241 701

　　　　　　　　　　　　　　　　　　　　　　　　　　　　　　　　　其他非流动资产 81 907

图 7-4　伊利股份 2019 年杜邦分析图

案例 3：

红宝丽 2020 年沃尔评分分析指标计算表如表 7-7 所示。

表 7-7　红宝丽 2020 年沃尔评分分析指标计算表

选择的评价指标	权重 a	行业均值 b	实际值 c	指数 d=c/b	实际得分 e=a×d
一、盈利能力指标	50				
1. 净资产收益率	20	3.10%	37.29%		
2. 总资产收益率	30	3.10%	2.74%		
二、偿债能力指标	24				
1. 资产负债率	15	60%	61.48%		
2. 已获利息倍数	9	1.10	—		
三、营运能力指标	22				
1. 总资产周转率	11	0.90	0.64		
2. 存货周转率	11	10.47	7.32		
四、发展能力指标	4				
1. 销售增长率	2	2.10%	9.57%		
2. 资本增长率	2	1.90%	13.50%		
综合得分	100				

要求：

对红宝丽进行沃尔评分分析，并把相关数据填入表 7-7。

案例 4：

伊利股份 2020 年沃尔评分分析指标计算表如表 7-8 所示。

表 7-8 伊利股份 2020 年沃尔评分分析指标计算表

选择的评价指标	权重 a	标准值 b	实际值 c	指数 d=c/b	实际得分 e=a×d
一、盈利能力指标	36				
1. 净资产收益率	20	8%	66.93%		
2. 总资产收益率	16	6%	9.98%		
二、偿债能力指标	28				
1. 资产负债率	26	70%	57.09%		
2. 已获利息倍数	2	2.5	33.70		
三、营运能力指标	20				
1. 总资产周转率	15	0.8	1.47		
2. 存货周转率	5	3	8.10		
四、发展能力指标	16				
1. 销售增长率	10	10.30%	7.24%		
2. 资本增长率	6	11%	17.69%		
综合得分	100				

要求：

对伊利股份进行沃尔评分分析，并把相关数据填入表 7-8。

项目八 财务分析报告撰写

简答题

1. 简述财务分析报告的撰写目的。

2. 简述财务分析报告的分类。

3. 简述财务分析报告写作方法。

4. 简述财务分析报告常见问题。

郑重声明

高等教育出版社依法对本书享有专有出版权。任何未经许可的复制、销售行为均违反《中华人民共和国著作权法》，其行为人将承担相应的民事责任和行政责任；构成犯罪的，将被依法追究刑事责任。为了维护市场秩序，保护读者的合法权益，避免读者误用盗版书造成不良后果，我社将配合行政执法部门和司法机关对违法犯罪的单位和个人进行严厉打击。社会各界人士如发现上述侵权行为，希望及时举报，我社将奖励举报有功人员。

反盗版举报电话　（010）58581999　58582371
反盗版举报邮箱　dd@hep.com.cn
通信地址　北京市西城区德外大街4号　高等教育出版社法律事务部
邮政编码　100120

高等教育出版社

教学资源索取单

尊敬的老师：

您好！

感谢您使用陆兴凤等编写的《财务报表分析习题与项目实训》。为便于教学，本书另配有课程相关教学资源，如贵校已选用了本书，您只要加入会计教师论坛QQ群，或者添加服务QQ号800078148，或者把下表中的相关信息以电子邮件方式发至我社即可免费获得。

另外，我们研发有8门财会类课程试题库："基础会计""财务会计""成本计算与管理""财务管理""管理会计""税务会计""税法""审计基础与实务"。题库共25000多道试题，知识点全覆盖，题型丰富，可自动组卷与批改。如贵校选用了高教社沪版相关课程教材，我们将免费提供给老师**8门课程题库生成的各6套试卷及答案**（Word格式难中易三档），老师也可与我们联系获取更多免费题库资源。

我们的联系方式：

（以下3个"会计教师论坛"QQ群，加任何一个即可享受服务，请勿重复加入）
QQ3群：473802328　　　　QQ2群：370279388　　　　QQ1群：554729666

联系电话：（021）56961310/56718921　　地址：上海市虹口区宝山路848号　　邮编：200081
电子邮箱：800078148@b.qq.com　　　　　　服务QQ：800078148（教学资源）

姓　　名		性别		出生年月		专　　业	
学　　校				学院、系		教 研 室	
学校地址						邮　　编	
职　　务				职　　称		办公电话	
E-mail						手　　机	
通信地址						邮　　编	
本书使用情况	用于_____学时教学，每学年使用_____册。						

您还希望从我社获得哪些服务？
☐ 教师培训　　　　☐ 教学研讨活动
☐ 寄送样书　　　　☐ 相关图书出版信息
☐ 其他_____